Silvio B

CW00459190

Por United Library

https://campsite.bio/uni_____rary

Índice

Introducción

¿Quiere saber más sobre el Primer Ministro más controvertido de la historia de Italia?

Silvio Berlusconi era un magnate de los medios de comunicación que se pasó a la política y se convirtió en Primer Ministro de Italia. Era una figura polarizadora, amada y odiada por muchos. Su carrera estuvo llena de altibajos, y su biografía es una lectura interesante para cualquier persona interesada en la política o la historia de Italia.

Silvio Berlusconi es una de las figuras italianas más conocidas de la historia moderna. Saltó a la fama gracias a su éxito en los negocios y los medios de comunicación, convirtiéndose en multimillonario con grandes inversiones en el sector privado y la fundación de un imperio mediático que incluye cadenas de televisión, periódicos y emisoras de radio. Sin embargo, permaneció en el ojo público tras su incursión en la política, cuando fue Primer Ministro de Italia de 1994 a 1995, de 2001 a 2006 y de nuevo de 2008 a 2011. Su carrera estuvo plagada de escándalos por acusaciones de corrupción y mala gestión financiera.

A pesar de haber infringido la ley italiana en varias ocasiones y de haber sido acusado de fraude, soborno y evasión fiscal, gozó de una inmensa popularidad entre los partidarios de ideas políticas conservadoras, obteniendo victorias en las elecciones durante su mandato como Primer Ministro. En última instancia, sin embargo, la controversia de su reinado condujo a la caída de Berlusconi y a su eventual condena por corrupción en 2013.

Este libro es un relato fascinante sobre una de las figuras más controvertidas de la historia reciente. Si quiere saber más sobre Silvio Berlusconi, éste es el libro perfecto para usted.

Silvio Berlusconi

Silvio Berlusconi (Milán, 29 de septiembre de 1936) es un político y empresario italiano.

Ha sido Presidente del Consejo de Ministros en cuatro ocasiones.

También se le conoce como *el Caballero, por* haber recibido la Orden del Mérito Laboral, a la que renunció tras una condena penal. Comenzó su actividad empresarial en el sector de la construcción. En 1975 creó la sociedad financiera Fininvest y en 1993 la productora multimedia Mediaset, en la que confluyeron otras empresas como Arnoldo Mondadori Editore y Silvio Berlusconi Communications, quedando como figura emblemática de su familia.

En octubre de 1993 entró en política y en enero de 1994 creó Forza Italia, un partido político de centro-derecha que se fusionó en Il Popolo della Libertà en 2008 y se refundó en 2013. Ha marcado la vida política italiana desde mediados de los años noventa con una actitud típica que se ha definido berlusconismo, ampliamente apoyada por sus seguidores políticos y votantes, entrando también con fuerza en la cultura de masas y el imaginario colectivo en Italia y en el extranjero, pero suscitando también un duro antiberlusconismo por parte de sus oponentes, que han subrayado repetidamente su conflicto de intereses, acusándole de dictar leyes *ad personam.*

Elegido miembro de la Cámara de Diputados en 1994, fue confirmado en las cuatro legislaturas siguientes, mientras que en 2013 fue elegido senador por primera vez. Ha ocupado cuatro cargos de Primer Ministro: el primero en la XII legislatura (1994-1995), dos consecutivos en la XIV (2001-2005 y 2005-2006) y, por último, en la XVI (2008-2011). Con un total de 3.340 días, es el político que más tiempo ha ocupado el cargo de Primer Ministro en la Italia republicana, sólo superado en épocas anteriores por Benito Mussolini y Giovanni Giolitti; también ha presidido los dos gobiernos más longevos desde la proclamación de la República.

Según la revista estadounidense *Forbes,* con un patrimonio personal estimado en 7.300 millones de dólares (unos 6.000 millones de euros), Berlusconi es el sexto hombre más rico de Italia y el 318º del mundo en 2021. En 2009, *Forbes* lo situó en el puesto 12 de su lista de las personas más poderosas del mundo por su papel en la política italiana.

Ha sido demandado en más de veinte procedimientos judiciales. En 2013 fue condenado definitivamente a cuatro años de prisión y dos de inhabilitación para cargo público por fraude fiscal, perdiendo así su condición de senador y dejando de ser parlamentario tras casi veinte años de presencia ininterrumpida en las dos cámaras (desde abril de 1994 hasta noviembre de 2013).

Volvió a ser candidato en 2018 y fue elegido eurodiputado en las elecciones europeas de 2019.

Infancia y educación

Es el hijo mayor de una familia de la pequeña burguesía milanesa. Pasó su infancia en Basso Varesotto, primero en Saronno y luego en Lomazzo durante la ocupación alemana, mientras su padre, al que Silvio no vio durante tres años, se refugiaba en Suiza. Su padre Luigi (Saronno, 27 de marzo de 1908 - Milán, 27 de febrero de 1989) era empleado de la Banca Rasini, de la que llegó a ser apoderado general en 1957; su madre Rosa Bossi (Milán, 25 de enero de 1911 - Milán, 3 de febrero de 2008) era ama de casa y antes había trabajado como secretaria en Pirelli. Además de Silvio, de su matrimonio nacieron Maria Antonietta (Milán, 9 de junio de 1943 - Milán, 26 de febrero de 2009) y Paolo (Milán, 6 de diciembre de 1949).

Creció en el barrio de Isola, en el número 34 de Via Volturno, y en 1954 se graduó en el Instituto Salesiano Sant'Ambrogio de Milán. Se matriculó en la Facultad de Derecho de la Universidad de Milán donde, en 1961, se licenció con 110/110 cum laude, discutiendo una tesis de Derecho mercantil bajo la supervisión del profesor Remo Franceschelli. La tesis, titulada *Il contratto di pubblicità per inserzione*, fue premiada con 500.000 liras por la agencia de publicidad Manzoni de Milán. Tras licenciarse, la ley le eximió del servicio militar, obligatorio en aquella época, por ser el hijo mayor.

Relaciones sentimentales

En 1964 conoció a Carla Elvira Lucia Dall'Oglio, con la que se casó en Milán, en la parroquia de Viale San Gimignano, el 6 de marzo de 1965 y con la que más tarde tuvo dos hijos: Maria Elvira, llamada Marina (1966) y Pier Silvio (1969). En 1980, en el Teatro Manzoni de Milán, conoce a la actriz Veronica Lario, de nombre artístico Miriam Bartolini, con la que inicia inmediatamente una relación extramatrimonial que le lleva a instalarse con su madre en la sede operativa de Fininvest, en Villa Borletti, Via Rovani, en Milán. En 1985, Berlusconi se divorció de Carla Dall'Oglio y oficializó su relación con Veronica, con quien se casó en una ceremonia civil en Milán el 15 de diciembre de 1990, los testigos fueron el matrimonio Craxi (Bettino ya había sido padrino de Barbara), Fedele Confalonieri y Gianni Letta, la pareja se unió tras el nacimiento de sus tres hijos: Barbara (1984), Eleonora (1986) y Luigi (1988). El 2 de mayo de 2009, Verónica Lario anunció que quería solicitar la separación.

En diciembre de 2012, la sentencia de separación no consentida presentada ante el Tribunal de Milán puso fin al matrimonio con Lario y fijó en 3 millones de euros la pensión de alimentos que Berlusconi debe pagarle mensualmente. Sin embargo, los abogados defensores de Berlusconi recurren la decisión de los jueces sobre la sentencia de primera instancia y esta petición se hace pública y se formaliza en marzo de 2013. Sin embargo, el 16 de noviembre de 2017, el Tribunal de Apelación de Milán revocó la sentencia de primera instancia, ordenando la anulación de la asignación mensual y obligando a Lario a devolver la totalidad de la suma percibida por Berlusconi hasta entonces (aproximadamente 60 millones de euros); contra esta sentencia, Lario había presentado un recurso ante el Tribunal de Casación a principios de 2018, que, sin embargo, el 30 de agosto de 2019, confirmó la sentencia de apelación, obligando así definitivamente a la mujer a devolver la totalidad de la suma a su exmarido. Tras un acuerdo extrajudicial alcanzado por los dos ex cónyuges, Lario dejará de recibir pensión alimenticia de Berlusconi, pero al mismo tiempo no tendrá que devolver lo que ya había recibido.

En 2012, Berlusconi se comprometió con Francesca Pascale (Nápoles, 15 de julio de 1985), *showgirl* y una de las fundadoras del club "Silvio ci manchi" (Silvio te echamos de menos) y candidata en las elecciones provinciales de 2009 (aunque desde enero de 2011 había declarado que tenía una nueva pareja, aunque no reveló su identidad). A finales de 2019 finalizó la relación con Francesca Pascale, como se confirmó oficialmente el 5 de marzo de 2020 en un comunicado de Forza Italia.

Desde 2020, Berlusconi mantiene una relación sentimental con Marta Antonia Fascina (Melito di Porto Salvo, 9 de enero de 1990), diputada de Forza Italia elegida en 2018 en la circunscripción Campania 1.

De 1974 a 2013, Berlusconi tuvo su residencia oficial en Arcore (Monza), en la Villa San Martino, del siglo XVIII, en Viale San Martino, adquirida por la marquesa Annamaria Casati Stampa di Soncino, hija y heredera del difunto marqués Camillo a través del abogado Cesare Previti, que había sido su tutor legal hasta su emancipación. La villa, que cambió de manos junto con algunos terrenos circundantes por 750 millones de liras, fue aceptada por Cariplo en 1983 como garantía de un préstamo de aproximadamente 7.000 millones de liras.

De septiembre de 2013 a diciembre de 2020 residió oficialmente en Roma, en el Palazzo Grazioli, Via del Plebiscito, 102.

A partir de 2021, tiene una nueva residencia oficial, Villa Grande (también conocida como Villa Zeffirelli, ya que anteriormente perteneció al famoso director de cine Franco Zeffirelli, amigo personal de Berlusconi y antiguo miembro de Forza Italia), situada también en Roma, en la Appia Antica. De hecho, la mansión ya pertenecía a Berlusconi desde 2001, cuando la compró y luego la dejó en préstamo al director.

Actividad empresarial

Construcción

Tras sus primeras experiencias laborales ocasionales en su juventud como cantante y animador en cruceros junto a su amigo Fedele Confalonieri y como vendedor puerta a puerta de escobas eléctricas junto a su amigo Guido Possa, comenzó a trabajar como agente inmobiliario y, en 1961, fundó Cantieri Riuniti Milanesi Srl junto al constructor Pietro Canali. La primera compra inmobiliaria fue un terreno en Via Alciati, en Milán, por 190 millones de liras, gracias al aval del banquero Carlo Rasini (propietario y cofundador de Banca Rasini, donde trabajaba el padre de Silvio).

En 1963 fundó Edilnord Sas, de la que era socio colectivo, mientras que Carlo Rasini y el contable suizo Carlo Rezzonico eran socios comanditarios. En esta empresa, Carlo Rezzonico aportó el capital a través de la sociedad financiera Finanzierungsgesellschaft für Residenzen AG de Lugano. El capital anónimo de la sociedad financiera suiza se depositó en parte en el Banco Internacional de Zurich y fue recibido por Edilnord a través de Banca Rasini.

En 1964, la empresa de Berlusconi abrió una obra en Brugherio para construir una ciudad modelo de 4.000 habitantes. Los primeros bloques de apartamentos están listos desde 1965, pero no se venden fácilmente.

En 1968 se funda Edilnord Sas di Lidia Borsani e C. (Borsani es prima de Berlusconi), conocida generalmente como Edilnord 2. Compra a Leonardo Bonzi 712.000 metros cuadrados de terreno en el municipio de Segrate, para el que ya había obtenido del ayuntamiento, entre 1962 y 1965, permisos de construcción por 2,5 millones de metros cúbicos a cambio de comprometerse a realizar obras de urbanización. En 1969, el ayuntamiento expidió un primer permiso de construcción, pero las obras se vieron ralentizadas por una serie de obstáculos puestos por diversos organismos supervisores, en particular el consejo administrativo provincial. Hasta 1972 no se desbloqueó la situación, tras la instalación de una nueva junta en el municipio de Segrate y el dictamen favorable de la Comisión Regional de Control, investida de las funciones anteriormente atribuidas a la Giunta provinciale amministrativa. Milán 2 se construirá en la zona. El asunto con el que consiguió en Roma el cambio de ciertas rutas aéreas en el aeropuerto de Linate -cuyas intolerables ondas sonoras, que superaban los 100 decibelios, hacían arriesgada la inversión y difícil la venta de los pisos- fue reconstruido por Camilla Cederna como resultado de intensas *gestiones* ante los ministerios competentes.

En 1972 se liquida Edilnord y se crea Edilnord Centri Residenziali Sas, de Lidia Borsani, que es socia comanditaria, con financiación de Aktiengesellschaft für Immobilienlagen in Residenzzentren AG de Lugano.En

1973 se funda Italcantieri Srl, transformada posteriormente en SpA en 1975, con Silvio Berlusconi como presidente. El capital procedía de dos sociedades fiduciarias suizas: Cofigen, vinculada al financiero Tito Tettamanti y a la Banca della Svizzera Italiana, y Eti AG Holding, de Chiasso, cuyo director general era Ercole Doninelli. En 1974 se creó en Roma Immobiliare San Martino, administrada por Marcello Dell'Utri (amigo de Berlusconi desde sus años universitarios), con financiación de dos sociedades fiduciarias de la Banca Nazionale del Lavoro, Servizio Italia Fiduciaria Spa y Società Azionaria Fiduciaria.

El 2 de junio de 1977, para coronar esta amplia y exitosa actividad constructora, Silvio Berlusconi fue nombrado Caballero del Trabajo por el Presidente de la República, Giovanni Leone.

En enero de 1978, Edilnord se liquidó para dar lugar a Milano 2 Spa, constituida en Segrate mediante la fusión con Immobiliare San Martino Spa.

Televisores

Tras su experiencia en la industria de la construcción, Berlusconi amplió su negocio al sector de las comunicaciones y los medios de comunicación. En 1976, de hecho, la sentencia nº 202 del Tribunal Constitucional allanó el camino a la edición televisiva, hasta entonces prerrogativa exclusiva del Estado.

En 1976, Berlusconi adquirió Telemilano del fundador Giacomo Properzj. Se trataba de una empresa de televisión por cable, que operaba desde el otoño de 1974 en la zona residencial de Milano 2. Dos años más tarde, la empresa recibió el nombre de Canale 5 y adoptó la forma de una red de televisión de ámbito nacional, integrada por varias emisoras. También en 1978, Berlusconi fundó Fininvest, un holding que coordinaba las diversas actividades del empresario.

En 1980, la cadena adquirió los derechos de televisión del *Mundialito*, torneo de fútbol entre selecciones sudamericanas y europeas, entre ellas la italiana, retransmitido habitualmente por las cadenas de la RAI. Para este acontecimiento, a pesar de las opiniones iniciales desfavorables de los ministros del gobierno Forlani, obtuvo de la RAI el uso del satélite y la retransmisión en directo en Lombardía, mientras que en el resto de Italia el acontecimiento se retransmitió en diferido utilizando un consorcio de emisoras locales como si se tratara de una única emisora nacional. Este método se aprovechó posteriormente para eludir la prohibición de retransmisión nacional, aún vigente para las emisoras privadas: el programa y los anuncios se grababan con un día de antelación y se emitían al día siguiente simultáneamente en toda Italia.

En 1982, el grupo se amplió con la compra de Italia 1 al editor Edilio Rusconi y de Rete 4 en 1984 al grupo editorial Arnoldo Mondadori Editore (controlado entonces por el editor Mario Formenton), estableciendo un duopolio televisivo de facto con la televisión estatal, la RAI, gracias también a una campaña de adquisiciones sin escrúpulos para atraer al nuevo polo televisivo a las estrellas de la televisión de los años ochenta.

En 1984, los magistrados de Turín, Pescara y Roma cerraron las cadenas Fininvest por infringir la ley que prohibía a las cadenas privadas emitir a escala nacional. La acción judicial fue detenida a los pocos días por el Gobierno presidido por Bettino Craxi que, con un decreto-ley especial, legalizó la situación de Fininvest.

El grupo Fininvest consiguió así, gracias a su respaldo político y "forzando" la legislación de aquellos años, romper el entonces monopolio televisivo de la RAI. En 1990, la Ley Mammì estabilizó la situación, legalizando definitivamente la emisión de programas privados de radio y televisión en todo el país.

En los años siguientes, el grupo se extendió por Europa: en Francia, fundó La Cinq en 1986 (posteriormente vendida parcialmente a terceros y cerrada en 1992), en Alemania, en 1987, *Tele* 5 (*Telefünf*; vendida a Leo Kirch, cerrada en 1992, sólo para ser reabierta en 2002 por Tele München), en España, Telecinco (fundada en 1990 y aún activa en la actualidad).

Edición y otros medios de comunicación

En el campo editorial se convirtió, y sigue siendo, el primer editor italiano en el sector de libros y revistas; en enero de 1990 adquirió la mayoría accionarial de Mondadori (en la que se integró Silvio Berlusconi Editore, fundada por el magnate milanés en los años ochenta y activa en la prensa periódica, y que compró *TV Sorrisi e Canzoni*), en una maniobra que provocaría una disputa (véase Lodo Mondadori) y Giulio Einaudi Editore (comprada por la primera), y de varias casas menores importantes (Elemond, Sperling & Kupfer, Grijalbo, Le Monnier, Pianeta scuola, Frassinelli, Electa Napoli, Riccardo Ricardi editore, Editrice Poseidona). Kupfer, Grijalbo, Le Monnier, Pianeta Scuola, Frassinelli, Electa Napoli, Riccardo Ricciardi editore, Editrice Poseidona).

En 1977 entró en la empresa del diario *il Giornale* con una participación del 12% y en 1979 aumentó su participación al 37,5%, convirtiéndose en el principal accionista.

En el ámbito de la distribución audiovisual, Berlusconi fue socio de 1994 a 2002, a través de Fininvest, en Blockbuster Italia. También controla el grupo Medusa Film.

En 2007, Berlusconi, a través de Trefinance (filial del grupo Fininvest), financió OVO s.r.l., una empresa de medios de comunicación cuyo proyecto era crear una enciclopedia en vídeo compuesta por cientos de clips cortos de carácter enciclopédico (historia, física, arte, literatura, biografías, etc.); uno de sus canales se llamaría OVOpedia.

Aunque el proyecto aún no se había hecho público (su lanzamiento estaba previsto para el primer trimestre de 2009), fue acusado de revisionismo, porque supuestamente pretendía contrarrestar la historiografía dominante que, según Berlusconi, está controlada por la izquierda; la empresa está actualmente en liquidación.

Gran distribución y seguros

Berlusconi también invirtió en el sector de la gran distribución, adquiriendo el grupo Standa a Montedison en 1988 y Supermercati Brianzoli a la familia Franchini en 1991. En 1995, el grupo Standa vendió Euromercato al grupo Promodès-GS.

En 1998 se separó y vendió el grupo Standa; la parte "no alimentaria" al grupo Coin y la parte "alimentaria" a Gianfelice Franchini, antiguo propietario de Supermercati Brianzoli. A este respecto, Berlusconi declararía más tarde que se vio obligado a vender Standa tras su entrada en política, alegando que en los municipios gobernados por juntas de centro-izquierda no se le concedían las autorizaciones necesarias para abrir nuevas tiendas. Según los críticos de Berlusconi, la adquisición y posterior venta de Standa estuvo determinada por el deseo de crear liquidez para el grupo Fininvest, que atravesaba un periodo difícil entre 1990 y 1994 (él mismo había afirmado estar expuesto a los bancos por valor de varios miles de miles de millones de liras).

El Grupo Fininvest, con sus participaciones en las empresas Mediolanum y Programma Italia, también tiene una fuerte presencia en el sector de los seguros y la venta de productos financieros.

Deporte

Aunque anteriormente había manifestado su interés por comprar el Inter de Milán, el 20 de febrero de 1986 Berlusconi se convirtió en propietario del Milán, club de fútbol del que fue presidente desde el 24 de marzo de 1986 hasta el 13 de abril de 2017. El cargo permaneció formalmente vacante del 21 de diciembre de 2004 al 15 de junio de 2006 y del 8 de mayo de 2008 al 1 de diciembre de 2011, al dimitir tras la aprobación de una ley que regulaba los conflictos de intereses durante su etapa como presidente del Gobierno, y del 29 de marzo de 2012 al 13 de abril de 2017, cuando ejerció como presidente de honor.

El 13 de abril de 2017, tras meses de negociaciones, el holding de la familia Berlusconi, Fininvest, anunció que había vendido la totalidad de las acciones del Milan en su poder al empresario chino Li Yonghong.

Durante la etapa de Berlusconi como accionista mayoritario, el AC Milan ganó 8 campeonatos de Italia, 1 Coppa Italia, 7 Supercopas de Italia, 5 Ligas de Campeones de la UEFA, 2 Copas Intercontinentales, 5 Supercopas de la UEFA y una Copa Mundial de Clubes de la FIFA, para un total de 29 trofeos oficiales en 31 años.

A principios de los noventa, Berlusconi había ampliado las actividades deportivas del Milan, transformándolo en un club polideportivo, creado mediante la compra de los títulos deportivos de clubes lombardos de diversas disciplinas, como béisbol, rugby, hockey sobre hielo y voleibol. La polisportiva se disolvió en 1994, tras la victoria electoral: los equipos fusionados en ella (Amatori Milano de rugby, Gonzaga Milano, antiguo Mantova, de voleibol, Devils Milano de hockey y Milano Baseball) siguieron destinos diferentes.

El 28 de septiembre de 2018, a través de Fininvest, se convirtió en propietario del Monza, club de fútbol que entonces militaba en la Serie C. En 2020, consiguió el ascenso a la Serie B.

Estructura de la empresa

Al entrar en política, Silvio Berlusconi abandonó todos los cargos corporativos que ocupaba en sus empresas, permaneciendo como propietario.

En 2011, Forbes calcula que el patrimonio total de Berlusconi asciende a 7.800 millones de dólares, frente a los 9.000 millones de 2010. Esta estimación se realiza teniendo en cuenta que Silvio Berlusconi posee el 99,5% de las acciones de la empresa Dolcedrago S.p.A (el 0,5%

restante se divide a partes iguales entre sus hijos Marina y Piersilvio). Dolcedrago posee y gestiona las principales propiedades inmobiliarias de Berlusconi, entre ellas la Villa San Martino en Arcore, dos villas en Porto Rotondo (la vecina Villa Certosa y Villa Stephanie), una en Macherio, Lesa, Lesmo y Bermuda. Dolcedrago S.p.A también controla participaciones mayoritarias en otras pequeñas y medianas empresas inmobiliarias italianas y tiene el control total de Videodue S.r.l, empresa que gestiona los derechos de 106 películas.

Silvio Berlusconi también posee el 61% de Fininvest. Las acciones restantes están en manos de sus cinco hijos (7,65% cada uno para Marina y Pier Silvio y 7,143% cada uno para Barbara, Eleonora y Luigi). Fininvest controla a su vez Mediaset (38%), Mondadori (50%), Mediolanum (35%) y Teatro Manzoni (100%).

También están registrados a nombre de Silvio Berlusconi cinco pisos en Milán (uno de ellos en copropiedad), un terreno en Antigua y Barbuda y tres barcos.

Inicios en política y apoyo al Partido Socialista Italiano

Las primeras declaraciones políticas de Berlusconi en público se remontan a julio de 1977, cuando defiende la necesidad de que el Partido Comunista Italiano (que había superado el 34% de los votos el año anterior) "quede confinado a la oposición por la acción de una Democracia Cristiana transformada para recuperar el Partido Socialista Italiano en el gobierno", a cuya secretaría había ascendido Bettino Craxi en julio de 1976. El encuentro entre ambos había sido propiciado a mediados de los años setenta por el hombre de confianza de Craxi, el arquitecto milanés Silvano Larini. Craxi y el PSI mostrarían durante todos los años siguientes una importante apertura hacia la televisión privada, que culminaría con la aprobación del llamado "decreto Berlusconi" el 16 de octubre de 1984 y su reiteración mediante el "Berlusconi bis" el 28 de noviembre siguiente.

A lo largo de los años ochenta y hasta 1992, Berlusconi apoyó al PSI y a su amigo Bettino en sus redes con múltiples anuncios electorales. En 1984, Craxi fue padrino de Barbara Berlusconi. En 1990, en la celebración de la boda entre Veronica Lario y Silvio Berlusconi, Anna Maria Moncini (esposa del *líder* socialista) y Gianni Letta son los testigos de boda de la novia, mientras que Craxi y Fedele Confalonieri lo son del novio. Como prueba adicional de la cercanía de Berlusconi a Craxi, cabe mencionar un anuncio televisivo de 12 minutos, rodado por la directora Sally Hunter y presentado en la primavera de 1992 para ser emitido en los canales de Berlusconi durante la campaña electoral, en el que aparece el propio Berlusconi junto a un piano, comentando la experiencia de los gobiernos presididos por Bettino Craxi (1983-1987), y dice: "Pero hay otro aspecto que me parece importante, y es la gran credibilidad política de ese gobierno. Gran credibilidad política a nivel internacional, que es -para quienes, como empresarios, operan en los mercados- algo necesario para poder llevar a cabo una acción positiva en entornos siempre muy difíciles para nosotros, los italianos, y a veces incluso hostiles".

Por último, en la última etapa política de Craxi (1993), con ocasión de una nueva solicitud de autorización para proceder presentada por la justicia contra el antiguo *dirigente* socialista y rechazada por la Cámara de Diputados, Berlusconi expresó públicamente su solidaridad.

Descenso al campo

En noviembre de 1993, con ocasión de las elecciones municipales en Roma, entrevistado a la salida del Euromercato en Casalecchio di Reno, deseó la victoria de Gianfranco Fini, entonces secretario del Movimiento

Social Italiano-Derecha Nacional, que se presentaba como candidato a la alcaldía contra Francesco Rutelli.

En el invierno de 1993, tras el vacío político que se había formado después del escándalo "Tangentopoli", Berlusconi decidió entrar directamente en la arena política italiana. De la experiencia de los clubes de la Asociación Nacional Forza Italia, dirigida por Giuliano Urbani, y de la bajada directa al campo de funcionarios de sus empresas, especialmente de Publitalia '80, nació así el nuevo movimiento político Forza Italia, una alineación de centro-derecha que, en sus intenciones, debía devolver la representación a los votantes moderados y oponerse a los partidos de centro-izquierda. Y el 26 de enero de 1994, día de su descenso, hizo una declaración pregrabada a todas las cadenas de televisión en la que afirmaba su elección con estas palabras

Al mismo tiempo, Berlusconi dimitió de varios cargos empresariales en el grupo que fundó (confiando la gestión a sus hijos o personas de confianza y conservando la propiedad).

La elegibilidad de Berlusconi también fue objeto de debate en relación con el artículo 10 del Decreto Presidencial nº 361 de 1957, según el cual "no son elegibles [...] quienes [...] estén vinculados al Estado [...] por concesiones o autorizaciones administrativas de considerable importancia económica". En julio de 1994, la Junta Electoral (con la presencia de dos tercios de los diputados) rechazó por mayoría tres recursos que alegaban la ilegitimidad de la elección de Berlusconi. La misma cuestión volvería a ser debatida en octubre de 1996 por la Junta Electoral que, por mayoría, decidió desestimar las denuncias por "carencia manifiesta de fundamento".

Campaña electoral y elecciones en 1994

Contrariamente a los pronósticos de los principales periódicos nacionales, las elecciones políticas del 27 de marzo de 1994 se saldaron con la victoria electoral de Forza Italia, que se enfrentó a la Lega Nord de Umberto Bossi en las regiones del norte y al MSI de Gianfranco Fini en el resto de Italia. En los últimos meses de la campaña electoral, algunas de las caras más conocidas de las cadenas Fininvest declararon su apoyo político en televisión, dentro de los programas de entretenimiento que presentaban, desencadenando reacciones que más tarde llevarían a la promulgación de las normas del llamado *par condicio* elettorale.

Sin embargo, la primera experiencia de Silvio Berlusconi en el gobierno, que comenzó el 10 de mayo de 1994, duró poco y poco, y terminó en diciembre del mismo año, cuando la Liga Norte retiró su apoyo al gobierno y lanzó una violenta campaña contra su antiguo aliado Berlusconi, acusado explícitamente de pertenecer a la Mafia. El 22 de diciembre, Berlusconi presentó su dimisión al Presidente de la República, Oscar Luigi

Scalfaro. En su lugar se formó un gobierno técnico dirigido por el Ministro de Hacienda saliente, Lamberto Dini. Berlusconi, que había pedido en vano elecciones anticipadas, no apoyará al nuevo Gobierno. En los años siguientes, Berlusconi achacó la caída de su gobierno a la falta de fiabilidad de Bossi. Más tarde, también por su acercamiento a la Liga Norte en las elecciones generales de 2001, acusaría a la justicia y a Scalfaro, que, según el propio Berlusconi, había inducido a Bossi a retirar su apoyo al ejecutivo, de llevar a cabo "un golpe".

Campaña electoral de 1996 y líder de la oposición hasta 2001

Las siguientes elecciones las ganó L'Ulivo (con el apoyo externo de Rifondazione Comunista), la coalición de centro-izquierda encabezada por Romano Prodi. Berlusconi lideró la oposición de centro-derecha hasta 2001.

Durante la legislatura, colaboró con Massimo D'Alema en la Bicameral, que se ocupó principalmente de las reformas constitucionales y judiciales.

Campaña electoral de 2001 y Jefe de Gobierno hasta 2006

Las elecciones de 2001 dieron la victoria a la Casa delle Libertà, coalición liderada por Silvio Berlusconi e integrada, además de por Forza Italia, por los principales partidos de centro-derecha (incluida la Liga Norte), mientras que el centro-izquierda estaba dividido. Durante la campaña electoral, Berlusconi firmó, en el programa *Porta a Porta* de Bruno Vespa, el llamado Contrato con los italianos: un acuerdo entre él y sus potenciales votantes en el que se comprometía, en caso de victoria, a aplicar enormes recortes fiscales, reducir el paro a la mitad, poner en marcha cientos de obras públicas, aumentar las pensiones mínimas y reducir el número de delitos; también se comprometía a no volver a presentarse a las siguientes elecciones si no se cumplían al menos cuatro de los cinco puntos principales.

El 11 de junio Berlusconi fue nombrado Primer Ministro por segunda vez, iniciando el gobierno Berlusconi II. Durante el segundo semestre de 2003, ocupó el cargo de Presidente del Consejo de la Unión Europea como Jefe del Gobierno italiano.

Tras la dura derrota de la Casa delle Libertà en las elecciones regionales de 2005, se produjo una rápida crisis de gobierno: Berlusconi dimitió el 20 de abril y dos días después se puso en marcha el gobierno Berlusconi III, que siguió en gran medida la composición y la acción política del anterior gobierno Berlusconi II.

Campaña electoral de 2006 y oposición

El periodo preelectoral se ve avivado por la publicación de sondeos, encargados principalmente por los periódicos nacionales, que pronostican una victoria de L'Unione, la coalición de centro-izquierda formada para apoyar la candidatura de Romano Prodi a la reelección a la jefatura del Gobierno, con una ventaja de alrededor del 5% sobre la Casa delle Libertà. Sólo tres sondeos encargados por Berlusconi a una empresa estadounidense dan una ligera ventaja a la Casa delle Libertà.

En marzo de 2006, durante una visita oficial a Estados Unidos, fue invitado a pronunciar un discurso ante las dos ramas del Congreso estadounidense reunidas en sesión conjunta, como ya había ocurrido anteriormente con De Gasperi, Craxi y Andreotti. Durante el discurso, el Primer Ministro agradeció a Estados Unidos la liberación de Italia durante la Segunda Guerra Mundial. En diciembre de 2010, un documento de la embajada estadounidense en Italia, de unos días antes de la reunión con Bush en octubre de 2005 y filtrado por WikiLeaks, reveló que esta intervención en el Congreso había sido solicitada explícitamente por Berlusconi desde el otoño con fines de campaña electoral, y que se centraría en la campaña electoral en una política exterior proestadounidense frente a la proeuropea de Prodi, especialmente en la cuestión iraquí.

Silvio Berlusconi y Romano Prodi se enfrentaron en dos debates televisivos de gran audiencia, emitidos por la Rai 1. Berlusconi concluyó el segundo debate, el 3 de abril, anunciando, sorprendentemente, que quería eliminar el impuesto municipal sobre bienes inmuebles (ICI) de la primera vivienda. En los días siguientes, durante el programa *Radio anch'io* de Rai Radio 1, también prometió la eliminación de la tasa de basuras.

El resultado de las elecciones de 2006 se caracterizó por un alto grado de incertidumbre que se prolongó hasta el final del escrutinio y se tradujo en una ligera preponderancia de la coalición de centro-izquierda liderada por Romano Prodi, que ganó las elecciones.

Tras el resultado de la votación, Berlusconi impugnó inicialmente el resultado de la votación denunciando fraude y exigiendo un recuento de los votos. Entonces juzgó el resultado un "empate sustancial", y sugirió formar un gobierno de coalición institucional inspirado en la *Große Koalition* alemana, propuesta rechazada sin embargo por los partidos de centro-izquierda y la Liga Norte. Prodi fue nombrado Primer Ministro con el apoyo de la coalición de centro-izquierda.

En septiembre de 2007, las Mesas Electorales, activadas para recontar los votos en blanco y nulos, confirmarán el resultado de las elecciones. Sin embargo, Berlusconi no reconocerá la victoria de su oponente.

En noviembre de 2006, mientras anunciaba desde el escenario de una conferencia en Montecatini Terme su intención de "convencer a todas las fuerzas políticas de la Casa de la Libertad para que se fusionen en un gran partido de la libertad", cayó repentinamente enfermo y perdió brevemente el conocimiento.

Nacimiento del Popolo della Libertà, victoria en 2008 y dimisión como Primer Ministro en 2011.

Del 16 al 18 de noviembre de 2007, Berlusconi organizó una petición popular de elecciones anticipadas, con el objetivo de recoger al menos 5 millones de firmas. El resultado anunciado por Sandro Bondi fue de 7.027.734, aunque hubo quien planteó dudas sobre la cifra y la comprobación de la regularidad de las firmas por Internet y SMS. Con esta cifra en la mano, el 18 de noviembre, durante un mitin en la plaza San Babila de Milán, Berlusconi anunció la disolución de Forza Italia y el nacimiento del Popolo della Libertà, una nueva entidad política contra los "peces gordos de la política", que fundará junto a Gianfranco Fini. Al día siguiente, en una rueda de prensa celebrada en la Piazza di Pietra de Roma, argumentó que "el bipolarismo [...] en la actual situación italiana, con la fragmentación de partidos que existe, no es algo que pueda funcionar para el gobierno del país" y se declaró dispuesto a negociar la realización de un sistema electoral proporcional puro con una barrera alta para evitar el fraccionamiento de los partidos.

Berlusconi declaró que el nuevo partido "pretende derrocar la pirámide del poder" y que la elección del nombre, los valores, los programas, los representantes y el *líder de* la nueva entidad política correspondía a los ciudadanos y no a las secretarías. Una posterior petición popular celebrada los días 1 y 2 de diciembre de 2007 decidió, con el 63,14% de los votos, que el nombre de esta formación política fuera Il Popolo della Libertà. Este nombre ya se había utilizado para definir a los participantes en la manifestación contra el gobierno Prodi celebrada el 2 de diciembre de 2006, en la que, según los organizadores, salieron a la calle 2.200.000 personas.

Durante la XV Legislatura, Berlusconi fue el diputado más absentista: 4623 ausencias de 4693 votos parlamentarios. El 14 de abril de 2008, la coalición formada por el Popolo della Libertà, la Lega Nord y el Movimento per l'Autonomia en apoyo de la candidatura de Silvio Berlusconi a Primer Ministro ganó las elecciones generales con cerca del 47% de los votos y obtuvo una amplia mayoría en ambas cámaras del Parlamento. El 8 de mayo siguiente, al jurar su cargo ante el Presidente de la República, Giorgio Napolitano, Berlusconi inauguró su cuarto Gobierno.

El 30 de agosto de 2008, el *líder* libio Muʻammar Gaddafi y Berlusconi firmaron un Tratado de Amistad y Cooperación en la ciudad de Bengasi. Este tratado establece un marco de asociación entre ambos países e implica el pago por parte de Italia de 5.000 millones de dólares (mediante el desembolso de 250 millones al año durante 20 años) a Libia como compensación por la ocupación militar. A cambio, Libia tomará medidas para combatir la inmigración ilegal desde sus costas y favorecerá la inversión en empresas italianas. El tratado fue ratificado por Italia el 6 de febrero de 2009 y por Libia el 2 de marzo, durante una visita de Berlusconi a Trípoli.

El 29 de marzo de 2009, Silvio Berlusconi fue elegido por unanimidad presidente del Popolo della Libertà a mano alzada.

El 3 de febrero de 2010, el Primer Ministro Silvio Berlusconi, durante su visita a Israel, pronunció un discurso ante la Knesset, el Parlamento israelí: era la primera vez que un Primer Ministro italiano hablaba ante el Parlamento israelí. En su discurso, Berlusconi calificó las leyes raciales de 1938 de "infamia" y aseguró que Italia ve al pueblo judío como "un hermano mayor".

En la tarde del 12 de noviembre de 2011, después de que la Ley de Estabilidad de 2012 hubiera sido aprobada en ambas cámaras del Parlamento, Silvio Berlusconi, tal y como había acordado previamente con el Jefe del Estado, Giorgio Napolitano, subió al Palacio del Quirinal para presentar su dimisión como Primer Ministro y la de su Gobierno, debido a la pérdida de la mayoría absoluta en la Cámara de Diputados y a la grave crisis financiera que atenazaba al país junto a los de otros Estados europeos (ver Gran Recesión). A partir del 16 de noviembre le sucederá el Gobierno Monti.

Nueva candidatura, convicción y regreso a Forza Italia

Tras presentar formalmente el relevo con este último acto político, Berlusconi participó en varias iniciativas parlamentarias como diputado, pero adelgazó sus salidas públicas.

La tarde del 24 de octubre de 2012, Berlusconi anunció en un comunicado oficial que no se presentaría a la reelección como Primer Ministro, dando así luz verde a las primarias para elegir al candidato del centro-derecha a la Presidencia del Gobierno el 16 de diciembre.

Sin embargo, en las semanas siguientes, los rumores de que Berlusconi estaba dispuesto a presentarse de nuevo se hicieron cada vez más persistentes, suscitando reacciones contrarias en el mundo político. El 6 de diciembre de 2012, el secretario del PdL, Angelino Alfano, anunció la candidatura de Berlusconi a las elecciones generales de 2013, añadiendo al mismo tiempo que ya no se celebrarían las primarias del partido. Dos días después, el propio Berlusconi confirmó su decisión de volver a presentarse. En las siguientes elecciones, la coalición de centro-derecha fue derrotada por la coalición liderada por Pier Luigi Bersani por un margen de sólo 300.000 votos, mientras que Berlusconi fue elegido senador por primera vez. Aunque ganaron, el centro-izquierda no tenía números suficientes para gobernar en solitario; en abril de 2013, el PdL acordó formar un gobierno de amplia base junto con el Partito Democratico y Scelta Civica, con Enrico Letta como primer ministro.

Tras la derrota sufrida, aunque mínima en cuanto a diferencia en las elecciones políticas, y el fuerte varapalo que supusieron las urnas en las últimas elecciones administrativas, el 29 de junio de 2013, Berlusconi anunció su intención de refundar Forza Italia como movimiento político autónomo. El 16 de noviembre, el Consejo Nacional del partido sancionó entonces el renacimiento de Forza Italia, pasando a la oposición al Gobierno de Letta.

El 1 de agosto de 2013, Berlusconi fue condenado definitivamente por el Tribunal de Casación por fraude fiscal, en el llamado proceso Mediaset que había comenzado unos ocho años antes; sin embargo, la sala ordenó la devolución al Tribunal de Apelación de Milán para el nuevo cálculo de la pena accesoria de inhabilitación para cargo público. El 4 de octubre, el Consejo de Elecciones e Inmunidades Parlamentarias del Senado votó a favor de la inhabilitación de Berlusconi para ejercer como senador debido a la ley nº 235 de 31/12/2012, la llamada ley Severino. El 19 de octubre, el Tribunal de Apelación condenó a Berlusconi a dos años de inhabilitación para ejercer cargos públicos, aceptando las peticiones de la fiscalía y rechazando los argumentos de la defensa, que ordenó recurrir ante el Tribunal de Casación. Se afirma en los fundamentos de la sentencia que la evasión se ve agravada por el cargo público que ocupa el *líder* del PdL.

El 27 de noviembre de 2013, el Senado validó la inhabilitación de Berlusconi como senador, rechazando nueve odgos presentados por Forza Italia en oposición a la resolución de la Comisión de Inmunidades Electorales y Parlamentarias del Senado, que se había pronunciado en contra de la no validación de la elección del ex primer ministro como senador en la circunscripción de Molise, por efecto del Decreto Legislativo nº 235 de 31 de diciembre de 2012 ("Ley Severino"). En su lugar irá el primero de los no elegidos, Ulisse Di Giacomo, que se ha unido al Nuevo Centro Derecha.

Tras su inhabilitación como senador, Berlusconi dijo que quería presentarse a las elecciones europeas, pero el 18 de marzo de 2014, el Tribunal de Casación confirmó su inhabilitación de 2 años para cargo público y, en consecuencia, su inelegibilidad.

El 19 de marzo de 2014, se autodestituyó como Cavaliere del Lavoro.

El 15 de abril de 2014, el Tribunal de Vigilancia de Milán, en ejecución de la sentencia firme en el juicio de Mediaset, ordenó que Berlusconi fuera puesto en libertad condicional con el servicio social. La ejecución de la sentencia finalizó el 8 de marzo de 2015 y Berlusconi recuperó la plena libertad, aunque su inelegibilidad se mantuvo hasta 2019 debido a la ley Severino.

En 2016, Berlusconi y Forza Italia se pronunciaron en contra de la reforma constitucional impulsada por el Gobierno de Renzi, que en el referéndum confirmatorio celebrado el 4 de diciembre fue rechazada por casi el 60%.

Elecciones de 2018 y pérdida de liderazgo del centro-derecha

En las elecciones generales de 2018, Berlusconi no puede presentarse oficialmente a ningún cargo, pero figura como cabeza de lista de "Forza Italia - Berlusconi Presidente". Tras la votación, que aseguró una mayoría relativa a la coalición de centro-derecha, Berlusconi compareció en las consultas como líder de Forza Italia y, junto con los demás representantes del centro-derecha, señaló sin éxito al secretario de la Liga, Matteo Salvini, como candidato a Primer Ministro, al encabezar la lista más votada de la coalición.

El 24 de abril y el 10 de mayo de 2018 se estrenarán en los cines italianos las dos partes de *Loro*, una película de Paolo Sorrentino sobre los asuntos profesionales, políticos y privados de Berlusconi. Este último había declarado antes del estreno de la película: "Espero que no sea un ataque político y contra mí", y el director había asegurado en consecuencia que su película no era un ataque contra su persona.

El 12 de mayo de 2018, el Tribunal de Vigilancia de Milán le rehabilitó de la pena por fraude fiscal a la que había sido condenado en agosto de 2013, convirtiéndole así en candidato una vez prescritos los efectos de la ley Severino, que preveía su exclusión de la vida pública durante seis años.

Elecciones europeas de 2019

Con vistas a las elecciones europeas de 2019 y su rehabilitación a la vida política, declaró su intención de presentarse a las elecciones, presentándose como candidato principal en todas las circunscripciones (a excepción del centro de Italia, donde ese papel lo desempeña Antonio Tajani).

El 26 de mayo fue elegido eurodiputado y también fue el segundo candidato más votado en Italia, con cerca de 560.000 preferencias personales (solo por detrás de Matteo Salvini). Tomó posesión de su cargo el 2 de julio, eligiendo la circunscripción del Noroeste de Italia; a sus 82 años, es también el eurodiputado de más edad de la legislatura.

La candidatura de 2022 a la Presidencia de la República Italiana

En enero de 2022, el centro-derecha anunció su intención de proponerle como Presidente de la República Italiana, Berlusconi retiró posteriormente su candidatura.

Disputas

Aspectos controvertidos de la actividad empresarial

Aspectos controvertidos de la actividad constructora: financiación de origen desconocido

Para iniciar su actividad empresarial en 1961 en el ámbito de la construcción, Berlusconi obtuvo un aval de la Banca Rasini, señalada por Michele Sindona y en diversos documentos de la judicatura como el principal banco utilizado por la Mafia en el norte de Italia para el blanqueo de dinero y entre cuyos clientes figuraban Totò Riina, Bernardo Provenzano y Pippo Calò. En la empresa fundada por él y Pietro Canali, pignoró 30 millones de liras, que según él procedían de la liquidación anticipada de su padre Luigi, abogado de Banca Rasini. El resto procedía de un aval prestado por el mismo banco.

Por otra parte, en lo que respecta al origen de determinadas financiaciones procedentes de cuentas suizas y destinadas a Fininvest en los años 1975-1978, desde la fundación hasta la articulación en 22 participaciones (que en aquel momento ascendían a 93.900 millones de liras) Berlusconi, interrogado ante el tribunal por el fiscal Antonio Ingroia, se acogió al derecho a guardar silencio; de este modo, también a causa de las leyes suizas sobre el secreto bancario, no fue posible acceder a las identidades de los titulares de las cuentas codificadas relativas al flujo de capitales transitados en aquel momento y en plena posesión de Fininvest.

En agosto de 1998, el diario La Padania publicó una investigación en la que se acusaba a Berlusconi del origen de varias ampliaciones de capital en algunas empresas de su propiedad, que tuvieron lugar entre 1968 y 1977.

En la época en que Luigi Berlusconi era Procurador General de la Banca Rasini, ésta entabló relaciones comerciales con el Cisalpina Overseas Nassau Bank, en cuyo consejo de administración figuraban Roberto Calvi, Licio Gelli, Michele Sindona y el obispo Paul Marcinkus, presidente del IOR), de facto el banco del Estado de la Ciudad del Vaticano. Todas estas personalidades ocuparon entonces un lugar destacado en la crónica judicial. Según Sindona y algunos colaboradores de la justicia, la Banca Rasini estaba implicada en el blanqueo de dinero de origen mafioso (lo que explicaría la gran presencia de financieros suizos en los primeros años de Berlusconi).

En 1999, durante el proceso Dell'Utri, Francesco Giuffrida, subdirector del Banco de Italia en Palermo, argumentó (en una consultoría que realizó por cuenta de la Fiscalía de Palermo sobre la reconstrucción de las aportaciones financieras realizadas en los orígenes del grupo Fininvest entre 1975-1984) que no era posible identificar el origen de determinados fondos de Fininvest por valor de 113.000 millones de liras de la época, en efectivo y letras bancarias (correspondientes a unos trescientos millones de euros actuales). El asunto se refería a las sospechas de supuestas aportaciones de capital mafioso a Fininvest.

Demandado por difamación por Mediaset, Giuffrida llegó en 2007 a un acuerdo transaccional con los abogados de esta última, por el que el asesor del Ministerio Fiscal reconocía los límites de las conclusiones extraídas en su informe y de las declaraciones prestadas durante el juicio (definidas como incompletas y parciales debido a la expiración de los plazos de instrucción), que no le había permitido investigar suficientemente el origen de ocho operaciones dudosas) y la consiguiente declaración de que las "operaciones que fueron objeto de su examen consultivo eran todas ellas reconstruibles y susceptibles de excluir la aportación de capitales ajenos al grupo Fininvest".

Sin embargo, los abogados de Giuffrida en el juicio por difamación emitieron un comunicado, recogido por ANSA, en el que afirmaban que habían sido advertidos sólo unos días antes (el 18 de julio) de que los abogados de Mediaset habían propuesto un acuerdo a su cliente, que no estaban de acuerdo ni con ese primer documento ("un borrador de acuerdo con el que no estaban de acuerdo, al considerar que lo que se afirmaba en el documento no se correspondía con las conclusiones reales del juicio"), ni con la versión final, ligeramente corregida ("no lo firmarán, ya que no están de acuerdo con la reconstrucción de los hechos y las afirmaciones que contiene").

Los jueces consideraron entonces que el informe de Giuffrida se basaba en "documentación parcial", pero también lo consideraron válido en virtud de que "no había sido refutado por el consultor de la defensa de Dell'Utri", ya que el propio profesor Paolo Iovenitti (el experto de la defensa), frente a las conclusiones de Giuffrida, había admitido que algunas operaciones eran "potencialmente poco transparentes" y no habían "arrojado luz sobre la cuestión examinada, aunque el consultor de la defensa tenía a su disposición toda la documentación existente en los archivos de Fininvest".

Esta retractación, contenida en el acuerdo transaccional alcanzado por los abogados de Mediaset y el profesor Giuffrida para zanjar el litigio interpuesto por la propia Mediaset por difamación, no arroja, sin embargo, ninguna luz sobre el origen del capital del grupo empresarial presidido por Silvio Berlusconi.

Berlusconi, al ser miembro de la logia masónica Propaganda 2 de Licio Gelli, tuvo acceso a una financiación que de otro modo habría sido inalcanzable: la Comisión Parlamentaria de Investigación sobre la Logia Masónica P2, de hecho, declaró, en el informe mayoritario firmado por Tina Anselmi, que algunos operativos pertenecientes a la Logia (entre ellos Genghini, Fabbri y Berlusconi), encontraron apoyo y financiación en bancos cuyos dirigentes eran personas incluidas en las listas P2 "más allá de cualquier solvencia".

El 1 de febrero de 2010, Massimo Ciancimino relató, basándose en información recibida directamente de su padre y en anotaciones suyas consideradas auténticas por la policía científica, que entre finales de los años setenta y principios de los ochenta el general de Carabinieri Mario Mori y el coronel Mauro Obinu, a través de Marcello Dell'Utri y los constructores Antonino Buscemi y Franco Bonura, habían invertido dinero en Milán 2. El 18 de septiembre, Il Fatto Quotidiano publicó una nota de Vito Ciancimino en la que se leía: "Con plena conciencia puedo afirmar hoy que tanto yo como Marcello Dell'Utri e incluso indirectamente Silvio Berlusconi somos hijos del mismo sistema, pero hemos sido tratados de forma diferente sólo y únicamente por razones geográficas".

Giovanni Scilabra, ex director general de la Banca Popolare di Palermo, declaró en una entrevista que Vito Ciancimino y Marcello Dell'Utri le pidieron en 1986 un préstamo de unos 20.000 millones de liras para Berlusconi.

La defensa

Las hipótesis de blanqueo de dinero nunca se confirmaron, en parte debido al secreto bancario en Suiza.

Según declaraciones del propio Silvio Berlusconi, fue la liquidación de su padre Luigi Berlusconi, que más tarde se convirtió en colaborador de su hijo en Edilnord y en muchos otros momentos cruciales de su vida empresarial, la que sirvió para financiar los inicios de sus actividades empresariales y para constituir la mitad del capital de Cantieri Riuniti Milanesi.

Silvio Berlusconi se definió a sí mismo como un "hombre hecho a sí mismo" porque su éxito -según estas declaraciones- se basaba en su "capacidad empresarial", su "olfato para los negocios", su "trabajo incansable" y una serie de "circunstancias fortuitas", que le habían asegurado la confianza de varios financieros.

Aspectos controvertidos de las actividades televisivas

De hecho, la creación de un grupo de cadenas de televisión parecía contraria a la legislación vigente y a las sentencias del Tribunal Constitucional, que había mostrado su orientación al respecto desde 1960. Este tema también fue retomado por la sentencia 148/1981, donde se reafirmó la falta de constitucionalidad en la hipótesis de permitir que un privado controle una emisora de televisión nacional, considerando esta posibilidad, dado el limitado espacio disponible, como una violación del derecho a la libertad de expresión garantizado por el artículo 21 de la Constitución.

Tres magistrados de Roma, Milán y Pescara intervinieron el 16 de octubre de 1984, ordenando - basándose en el código postal de la época - la incautación en las regiones bajo su jurisdicción del sistema que permitía la transmisión simultánea de las tres cadenas de televisión del país. Como consecuencia de ello y en señal de protesta, las emisoras de Fininvest afectadas por la medida colocaron un mensaje en el vídeo, renunciando a la emisión de programación canónica.

Cuatro días más tarde, el 20 de octubre de 1984, el gobierno de Bettino Craxi intervino directamente en el asunto abierto por la magistratura, dictando un decreto-ley capaz de poner de nuevo en marcha al grupo. Pero el 28 de noviembre, el Parlamento, en lugar de convertirla en ley, la rechazó, juzgándola inconstitucional y permitiendo a la magistratura reanudar el procedimiento penal contra Fininvest. Craxi aprobó entonces un nuevo decreto el 6 de diciembre de 1984, sometiendo la cuestión de confianza al Parlamento, que obtuvo. El Tribunal Constitucional examinó la ley sólo tres años después, manteniéndola en vigor, pero subrayando su declarado carácter transitorio.

Algunos justificaron la aprobación de la medida en la estrecha y nunca disimulada amistad entre Bettino Craxi y Silvio Berlusconi. Según otros, sin embargo, el plan de modernización del país del secretario socialista se basaba en el desmantelamiento del monopolio cultural que -a través de la RAI- ejercían los democristianos sobre la programación nacional de radio y televisión; el oligopolio alcanzado, sin embargo, no correspondía probablemente a la *lógica* con la que el Tribunal Constitucional había admitido en 1976 (invocando el artículo 21 de la Constitución) un sistema plural de redes múltiples, distribuidas por todo el territorio a nivel exclusivamente local, *junto* al concesionario público.

La relación con Craxi quedó documentada en el archivo del ex Presidente del Consejo, donde también se encontró una carta firmada por Berlusconi:

En 1990, con la Ley Mammì, se volvió a legislar sobre el tema y se estableció que no se podía ser propietario de más de tres cadenas, aunque sin introducir ningún límite que comprometiera la extensión asumida por las cadenas de Berlusconi. La aprobación de la ley suscitó una fuerte polémica y cinco ministros del Sexto Gobierno Andreotti dimitieron en señal de protesta. Al mismo tiempo, Berlusconi se vio obligado a vender sus acciones en la empresa editora de *Il Giornale,* que vendió a su hermano Paolo.

En 1994, una nueva sentencia judicial (la número 420) declaró inconstitucional parte de la ley, exigiendo límites más estrictos a la concentración de participaciones en medios de comunicación.

Retequattro y digital terrestre

Berlusconi sigue operando en el sector de la televisión (a través de la empresa Mediaset) con concesiones de carácter transitorio. La propiedad de Mediaset por Berlusconi ha provocado una gran polémica debido al conflicto de intereses.

Este conflicto es evidente, por ejemplo, en la gestión de la concesión de Retequattro. La situación de la cadena de televisión es incierta desde finales de los años ochenta, cuando se inició el debate sobre la concentración de los medios de comunicación tras la compra de Mondadori por Fininvest. La jurisprudencia se ha pronunciado en varias ocasiones obligando a la cadena a migrar del sistema analógico al de satélite. Sus frecuencias analógicas iban a pasar a Europa 7, cadena de televisión propiedad del legítimo ganador del concurso, Francesco Di Stefano. Esta situación se mantuvo después de que, gracias a la ley Gasparri, Retequattro pudiera seguir emitiendo en abierto hasta la conversión completa a la radiodifusión digital terrestre de todas las televisiones nacionales y locales. Este sistema, al permitir la difusión de un mayor número de canales, permitía superar la limitación de frecuencias, pero dejaba sin resolver la cuestión jurídica.

También se hicieron acusaciones similares en relación con la agresiva promoción de la televisión digital terrestre por parte del segundo gobierno Berlusconi, y de hecho Berlusconi nunca participó en las votaciones sobre este asunto debido a su conflicto de intereses. Sin embargo, una investigación antimonopolio realizada en 2006 concluyó que no se había infringido la ley de conflicto de intereses.

Aspectos controvertidos de la actividad política

Pertenencia a la logia masónica P2

La inscripción de Berlusconi en la logia masónica P2 tuvo lugar el 26 de enero de 1978 en la sede de Via dei Condotti de Roma, en el último piso del edificio que albergaba la joyería Bulgari junto con Roberto Gervaso; el carné de miembro era el nº 1816, código E. 19.78, grupo 17, expediente 0625, como demuestran los documentos y recibos incautados a los dirigentes de la logia. Berlusconi negó su participación en el P2, pero admitió ante el tribunal que era miembro. En otoño de 1988 (en el transcurso de un juicio contra dos periodistas acusados de difamarlo celebrado por el tribunal de Verona), Berlusconi declaró: "No recuerdo la fecha exacta de mi inscripción en el P2, recuerdo sin embargo que fue poco antes del escándalo. [...] Nunca he pagado una cuota de afiliación, ni nunca me lo han pedido".

Por estas declaraciones, el magistrado de Verona Gabriele Nigro inició un procedimiento contra Berlusconi por perjurio. Al final, el magistrado de Verona absolvió al empresario en la fase de instrucción porque el hecho no era constitutivo de delito. Sin embargo, el Fiscal General

Adjunto Stefano Dragone recurrió posteriormente la absolución y el Tribunal de Apelación de Venecia abrió un nuevo procedimiento a raíz del cual dictaminó que "Berlusconi, al declarar ante el Tribunal de Verona en calidad de testigo-testigo del delito, había cometido perjurio", pero que "el delito atribuido al acusado debía declararse extinguido por amnistía".

Más tarde declaró: "Nunca fui piduista, me enviaron el carné de socio y lo devolví inmediatamente al remitente: en cualquier caso, los tribunales han establecido que los miembros de P2 no cometieron ningún delito y, por lo tanto, ser piduista no es un demérito". En otra ocasión, afirmó que el P2 "en realidad aparecía entonces como una asociación muy normal, como si fuera un Rotary, un León, y no había ninguna razón, por lo que sabíamos, para pensar que fuera diferente. Me resistí mucho a dar mi adhesión, y luego lo hice porque Gervaso insistió especialmente, diciéndome que le hiciera una "cortesía personal".

Según las conclusiones de la Comisión Parlamentaria de Investigación Anselmi, la logia masónica era "subversiva". Fue disuelta por una ley especial, la nº 17 de 25 de enero de 1982.

El P2 era "una organización que pretendía apoderarse de los resortes del poder en Italia mediante el 'plan de renacimiento democrático', una elaboración a medio camino entre un manifiesto y un 'estudio de viabilidad'.

Contenía una especie de hoja de ruta para la penetración de los exponentes de la logia en sectores clave del Estado, indicaciones para el lanzamiento de obras proselitistas seleccionadas y también una estimación de costes para la adquisición de las funciones vitales del poder". El Plan programaba la disolución de los partidos y la construcción de dos polos organizados en clubes territoriales y sectoriales; pretendía el monopolio de la información, el control de los bancos, la República presidencial y el control del poder judicial por el poder político.

Entre 1980 y 1982, Berlusconi colaboró con el *Corriere della Sera*, escribiendo editoriales sobre economía. En el diario milanés Licio Gelli anuncia su "Plan de Renacimiento Democrático" en una entrevista exclusiva (5 de octubre de 1980). Según el fundador de P2, Berlusconi "tomó nuestro Plan Renacer y lo copió casi todo". El obispo de Ivrea, Luigi Bettazzi, también reprochó al primer Gobierno de Berlusconi, en el momento de su caída (1995), ser "la aplicación hecha y programada por Berlusconi del Plan de Renacimiento Democrático propuesto por la Logia P2 allá por 1976".

A partir de 1985, los archivos de Gelli atestiguan la intervención de la P2 en la adquisición por Berlusconi del entonces semanario italiano más popular, *TV Sorrisi e Canzoni.* La transacción, si se considera como una de las muchas realizadas dentro de la misma maraña de empresas vinculadas al sistema crediticio vaticano, es casi sólo una entrega para la realización del programa. Era junio de 1983 cuando la filial extranjera Ambrosiano Group Banco Comercial de Managua vendió a Berlusconi el 52% de las acciones de la revista. En la operación participaron los financieros Roberto Calvi y Umberto Ortolani. Tras la presentación de las conclusiones de la Comisión Parlamentaria de Investigación sobre la P2, la logia fue disuelta por ley debido a los "fines subversivos" que se había propuesto. Gelli fue condenado y detenido, aunque en 1988 Berlusconi declaró en *el Corriere della Sera* que "siempre esperaba con curiosidad saber qué hechos o fechorías se imputaban realmente a Licio Gelli".

En el momento de su entrada oficial en política (1993), Berlusconi presentó un partido cuya estructura y programa parecían a algunos similares a los prefigurados en el diseño subversivo del P2: "Clubes donde [...] están representados hombres de negocios, exponentes de las profesiones liberales, administradores públicos" y sólo "muy pocos y selectos" políticos profesionales.

El 25 de enero de 2006, la mayoría parlamentaria dirigida por Berlusconi, en el marco de la reforma de los delitos de opinión, aprobó una modificación del artículo 283 del Código Penal, en base al cual se había considerado ilegal la P2, reduciendo la pena mínima de prisión de 12 a 5 años y considerando necesarios los actos violentos. El texto anterior era éste:

En su lugar, el texto modificado es el siguiente:

Conflicto de intereses

Surge un conflicto de intereses ante la presencia de empresarios que llegan a asumir cargos públicos. La propiedad simultánea de compañías de seguros, gigantes editoriales, empresas turísticas, etc., agrava este problema en la figura de Silvio Berlusconi.

Según el semanario británico *The Economist*, Berlusconi, en su doble condición de propietario de Mediaset y Primer Ministro, controlaba aproximadamente el 90% del panorama televisivo italiano en 2001. Este porcentaje incluye tanto las emisoras controladas directamente por él como aquellas sobre las que su control puede ejercerse indirectamente a través del nombramiento (o influencia en el nombramiento) de los órganos de gobierno de la televisión pública. Esta tesis es rechazada por Berlusconi, que niega que controle la RAI (a pesar del aparente contenido de varias escuchas telefónicas, reveladas por la prensa en julio de 2011, que prefiguran una acción concertada, destinada a favorecerle, puesta en marcha por una parte de la cúpula de la RAI y Mediaset: la llamada estructura confidencial "Delta"). Destaca el hecho de que durante su Gobierno se nombró presidente de la RAI a personas de centro-izquierda, en primer lugar a Lucia Annunziata. En la época de su último gobierno, el presidente de la RAI era Paolo Garimberti, de centro-izquierda, mientras que el cargo de directora general lo ocupaba Lorenza Lei; actualmente, desde julio de 2012, estos cargos están encomendados a Anna Maria Tarantola y al *directivo* Luigi Gubitosi, respectivamente, elegidos y nombrados por el gobierno Monti.

El amplio control de Berlusconi sobre los medios de comunicación ha sido relacionado por muchos observadores italianos y extranjeros con la posibilidad de que los medios de comunicación italianos estén sometidos a restricciones reales de la libertad de expresión. La *Encuesta Mundial sobre la Libertad de Prensa 2004* (*Freedom of the Press 2004 Global Survey*), estudio anual publicado por la organización estadounidense Freedom House, rebajó la categoría de Italia de "Libre" a "Parcialmente libre" por dos motivos principales: la concentración del poder mediático en manos del Primer Ministro Berlusconi y su familia, y el creciente abuso de poder del gobierno en su control de la empresa pública de televisión RAI. La encuesta del año siguiente confirmó esta situación con el agravante de nuevas pérdidas de clasificación.

Por otra parte, Reporteros sin Fronteras afirma que, en 2004, "el conflicto de intereses en el que están implicados el Primer Ministro Silvio Berlusconi y su vasto imperio mediático sigue sin resolverse y continúa amenazando la pluralidad de la información". En abril de 2004, la Federación Internacional de Periodistas se sumó a las críticas, oponiéndose a la aprobación de la Ley Gasparri.

El propio Berlusconi, en respuesta a las críticas por su conflicto de intereses, pocos días antes de las elecciones generales de 2001, anunció en una entrevista al *Sunday Times* que se había puesto en contacto con tres expertos extranjeros ("un estadounidense, un británico y un alemán"), cuyos nombres no mencionó, para que le asesoraran en la búsqueda de una solución al asunto. Unos días más tarde reiteró su decisión sobre TG5, precisando que: "En cien días haré lo que la izquierda no ha hecho en seis años y medio: aprobaré un proyecto de ley que regulará la relación entre el Primer Ministro y el grupo que fundó como empresario", se hicieron eco de las palabras del presidente de AN, Gianfranco Fini, y otros políticos de CdL, que en los días siguientes confirmaron varias veces que, en caso de victoria electoral, la intención del Gobierno era presentar en los primeros 100 días un proyecto de ley para resolver la cuestión mediante un *fideicomiso ciego.* Nunca se revelaron los nombres de los tres expertos extranjeros que iban a ocuparse del asunto, pero se presentó y aprobó un proyecto de ley para regular el conflicto de intereses.

El centro-izquierda, en el gobierno de 1996 a 2001, no había intervenido en la cuestión del conflicto de intereses. El 28 de febrero de 2002, Luciano Violante, entonces jefe del grupo DS en la Cámara de Diputados, declaró en el hemiciclo que el PDS había dado a Berlusconi y Gianni Letta "plena garantía" en 1994 de que "las televisiones no serían tocadas" con el cambio de gobierno. También recordó cuando su partido político votó a favor de declarar a Berlusconi "elegible a pesar de las concesiones" y el hecho de que durante los gobiernos de centro-izquierda la facturación de Mediaset se había multiplicado por 25.

El 13 de julio de 2004, el Parlamento italiano aprobó la Ley nº 215, titulada "Normas sobre la resolución de conflictos de intereses", la llamada *Ley Frattini*. Posteriormente, esta ley recibió duras críticas de la Comisión de Venecia del Consejo de Europa.

Hasta la fecha, ningún gobierno ha resuelto el conflicto de intereses.

Acusaciones de aprobación de leyes ad personam

El término "ley ad personam" se refiere a una legislación creada de facto *ad hoc* con fines puramente personales y no *erga omnes*.

Durante los gobiernos dirigidos por Berlusconi desde 1994, el Parlamento ha aprobado una serie de medidas legislativas que han sido duramente contestadas por la oposición y ciertos sectores de la prensa, que creían que se promulgaban específicamente para favorecer la posición del propio Berlusconi, para defenderle de juicios en los que estaba implicado directa o indirectamente, o para defender y/o reforzar su propio patrimonio, debido a su conflicto de intereses.

Para los abogados y amigos de Silvio Berlusconi, al menos las medidas en materia judicial "sirven para dar más garantías a los ciudadanos". Para que a nadie más le pase lo que a Silvio Berlusconi" (Niccolò Ghedini), o en todo caso "para protegerse". Si no haces la ley *ad personam* te metes dentro' o 'son la respuesta a una guerra *ad personam* contra él' (Fedele Confalonieri). En cuanto a los supuestos beneficios para las empresas familiares, Marina Berlusconi, presidenta de Mondadori e hija de Silvio, señaló que "si las leyes [...] son sacrosantas, ¿qué quieren, que nuestras empresas no las utilicen sólo porque pertenecen a la familia Berlusconi? Este es el verdadero conflicto de intereses, el del revés".

Durante la campaña electoral de 2006, el propio Berlusconi declaró que "una ley *ad personam* es una ley que sólo está bien para un individuo y está mal para el resto de la población", por lo que, según él, "no hay ni una sola ley de este tipo aprobada por mi Gobierno".

Según dos investigaciones de *la Repubblica,* a 24 de noviembre de 2009, había 19 leyes "que han producido efectos beneficiosos para Berlusconi y sus empresas". Entre las leyes impugnadas, algunas habrían proporcionado a Berlusconi beneficios inmediatos en procesos penales en curso contra él, otras le habrían garantizado ventajas económicas. Entre los primeros figuran los siguientes:

1. Ley sobre comisiones rogatorias internacionales (Ley nº 367/2001): limita la posibilidad de utilizar las pruebas obtenidas. Con esta ley se encubrieron los movimientos ilícitos en cuentas suizas realizados por Cesare Previti y Renato Squillante, en el centro del proceso Sme-Ariosto 1.

2. Reforma del derecho de sociedades (Decreto Legislativo nº 61/2002): introducción de un umbral de punibilidad en caso de falsedad contable, lo que permitió absolver a Berlusconi en los juicios "All Iberian 2" y "Sme-Ariosto 2" porque "el hecho ya no está previsto por la ley como delito".

3. Ley Cirami sobre la sospecha legítima (Ley nº 248/2002): introducción de la "sospecha legítima" sobre la imparcialidad del juez que permite la recusación y el traslado del juicio a otro juez.

4. Lodo Schifani (Ley nº 140/2003): introducción de la prohibición de someter a juicio a los cinco más altos cargos del Estado, incluido el Presidente del Consejo de Ministros en ejercicio. La ley fue declarada inconstitucional el 13 de enero de 2004. Se volvió a aprobar con algunas modificaciones en 2008 (véase el punto 8).

5. Secreto de Estado sobre la zona conocida como "Villa La Certosa" en Punta della Volpe (Olbia) (Decreto del Ministro del Interior de 6 de mayo de 2004 prot. nº 1004/100 - 1158): la colocación del secreto de Estado sobre la villa de Berlusconi impidió las inspecciones ordenadas por el Tribunal de Tempio Pausania en el marco de una investigación penal por violación de la normativa en materia de construcción y medio ambiente.

6. Ley Pecorella (Ley nº 46/2006), propuesta por el abogado de Silvio Berlusconi, Gaetano Pecorella, que sancionaba la inapelabilidad por el fiscal sólo para las sentencias absolutorias (DL nº 3600), rechazada casi en su totalidad en 2007 por el Tribunal Constitucional.

7. Ley Ex-Cirielli (Ley nº 251/2005): reducción del plazo de prescripción, que permitió extinguir los juicios "Lodo Mondadori", "Lentini" y "Derechos de televisión de Mediaset" por prescripción de la acción penal.

8. Lodo Alfano (Ley nº 124/2008), una reproposición de Lodo Schifani, publicada poco antes de que concluyera el juicio por soborno del abogado David Mills, en el que Berlusconi era coacusado. Declarada inconstitucional el 7 de octubre de 2009.

9. Impedimento legítimo: durante 18 meses, el Primer Ministro está legítimamente impedido de comparecer ante un tribunal si está ocupado en asuntos de gobierno.

Entre las leyes que supuestamente otorgaban ventajas económicas figuran las siguientes:

1. Tremonti bis (Ley nº 383/2001, art. 13): supresión del impuesto de sucesiones y donaciones para los grandes patrimonios, que el Ulivo había suprimido anteriormente para los patrimonios de hasta 350 millones de liras.

2. Ley de Finanzas de 2003 (Ley nº 289/2002, art. 9): introducción de una amnistía fiscal, de la que también se beneficiaron las empresas del grupo Mediaset.

3. Decreto "Salvar el fútbol" (Ley nº 27/2003, art. 3): concede a los clubes deportivos la posibilidad de diluir las amortizaciones de jugadores en sus balances a lo largo de diez años, con importantes beneficios económicos en términos fiscales. El reglamento también se aplicó a A.C. Milan.

4. Lodo Retequattro (Decreto-Ley nº 352/2003): permitió a Rete 4 seguir transmitiendo en analógico.

5. Ley de Finanzas de 2004 (Ley nº 350/2003, art. 4, apartado 153) y Ley de Finanzas de 2005 (Ley nº 311/2004, art. 1, apartado 246): introducción de un incentivo estatal para la compra de un descodificador. El principal beneficiario del incentivo fue la empresa Solari.com, principal distribuidor en Italia de descodificadores digitales Amstrad del tipo Mhp, controlada en un 51% por Paolo y Alessia Berlusconi.

6. Ley Gasparri (Ley nº 112/2004): introducción del sistema integrado de comunicaciones (SIC) y reorganización del sistema de radio, televisión y comunicaciones. En 2004, el presidente de Mediaset, Fedele Confalonieri, estimó los beneficios de la ley Gasparri para el grupo de Silvio Berlusconi entre 1.000 y 2.000 millones de euros.

7. Ampliación de la amnistía de construcción a las zonas protegidas (Ley nº 308/2004, art. 1, apartados 36-39): admisión de las zonas protegidas entre las zonas que pueden acogerse a la amnistía, incluidas las de la villa "La Certosa", propiedad de Berlusconi.

8. Testo Unico della Previdenza Complementare (Decreto Legislativo nº 252/2005): introducción de una serie de normas que favorecen fiscalmente las pensiones complementarias

individuales, beneficiando también a las compañías de seguros propiedad de la familia Berlusconi.

9. Decreto anticrisis (Decreto Ley nº 185/2008, art. 31): supresión del IVA preferencial del 10% para la televisión de pago por satélite (dominada por Sky Italia), que vuelve así al tipo normal del 20%. Esta operación de armonización fiscal había sido solicitada por la Comisión Europea a raíz de una denuncia presentada ante ella. La iniciativa legislativa ha suscitado una gran polémica en la oposición (principalmente por boca de Antonio Di Pietro), ya que se considera una forma de penalizar a Sky Italia, principal competidor privado de Mediaset.

10. Adquisición de acciones propias (Ley nº 33/2009, art. 7, apartados 3-quáter y 3-sexies): se aumenta el umbral de capital (del 3% al 5%) que los accionistas con una participación superior al 30% pueden adquirir sin estar sujetos a la obligación de lanzar una oferta pública de adquisición total; y se aumenta el límite máximo previsto en el artículo 2357 del Código Civil italiano sobre la adquisición de acciones propias (del 10% al 20%) con respecto a las sociedades anónimas, con la intención de prever instrumentos para defender a

las empresas de posibles maniobras especulativas (oferta pública de adquisición).

11. Escudo fiscal (Ley nº 102/2009, art. 13-bis): permite, mediante el pago de un impuesto *único* del 5%, repatriar o regularizar los activos financieros y patrimoniales procedentes de la evasión fiscal mantenidos en el extranjero.

12. Litigios pendientes con las autoridades fiscales (Ley nº 73/2010): Mondadori utilizó la medida para resolver un litigio con las autoridades fiscales pendiente desde 1991 pagando 8,653 millones de euros en lugar de los 173 millones de euros reclamados por las autoridades fiscales.

Aunque no figura en la lista de leyes, podemos citar a este respecto el recurso del Gobierno contra la ley de la región de Cerdeña que prohíbe construir a menos de dos kilómetros de la costa (recurso nº 15/2005 a la Ley Regional 8/2004) (que bloqueó, entre otras cosas, la construcción de "Costa Turchese", un asentamiento de 250000 m³ de Edilizia Alta Italia, de Marina Berlusconi).

Aspectos controvertidos de los cambios inducidos en la sociedad civil

El director y dramaturgo Dario Fo, el escritor Umberto Eco, el director de cine Nanni Moretti y el cómico Beppe Grillo han hecho declaraciones públicas sobre las consecuencias que los valores transmitidos por los medios de comunicación de Berlusconi podrían tener, en su opinión, a largo plazo sobre la propia sociedad civil, orientando sus gustos y tendencias a favor de su bando político.

Según esta línea de pensamiento, formada principalmente por opiniones, la aparición de Berlusconi en la escena política provocó profundos cambios en el tejido civil del país y entre sus diversos componentes sociales. Argumentan que sería impropio, en un sistema democrático, ejercer a la vez la acción gubernamental y el control sobre las fuentes de información debido a la influencia que los medios de comunicación de masas (televisión, radio, prensa, Internet) pueden ejercer en la sociedad. La oposición pidió en vano a Berlusconi que renunciara a la propiedad de los medios de comunicación, considerando anómala tal concentración en manos del jefe de una coalición política.

La tesis de esta denuncia es que en Italia existe un desequilibrio en los medios de comunicación, posible vehículo de orientación de la opinión pública a través de métodos de propaganda más o menos encubiertos, y que dirigir una coalición política y al mismo tiempo un grupo editorial de medios de comunicación es contrario a los principios de equilibrio establecidos por la Constitución italiana; principios que también protege concretamente el art. 10 del Decreto Presidencial nº 361, de 30 de marzo de 1957, que prevé la "inelegibilidad de quienes, por derecho propio o como representantes legales de sociedades o empresas privadas, estén vinculados al Estado por contratos de obras o suministros o por concesiones o autorizaciones administrativas de considerable importancia económica".

Relaciones mafiosas, Dell'Utri y Mangano

En la primera mitad de los años setenta, la delincuencia organizada con base en Milán organizó numerosos secuestros con fines de extorsión. En este contexto, en julio de 1974, a través del abogado palermitano Marcello Dell'Utri (colaborador de Berlusconi en aquella época), Vittorio Mangano fue "llamado a desempeñar la función de "garantía y protección", para proteger la seguridad de su patrón y de sus familiares más cercanos, en un momento en que se había decidido que Berlusconi se trasladara a la recién adquirida finca de Arcore".

Según los magistrados, Berlusconi "temía que los miembros de su familia fueran secuestrados", por lo que Dell'Utri trabajó "para contratar a Vittorio Mangano en la villa de Arcore [......] como 'gerente' (o 'factor' o 'supervisor', como se quiera) y no como mero 'mozo de cuadra', a pesar de que conocía el perfil delictivo de Mangano desde sus días en Palermo (y, de hecho, precisamente por esta 'cualidad'), obteniendo la aprobación de Stefano Bontate y Teresi Girolamo, en aquel momento dos de los más importantes 'hombres de honor' de la 'cosa nostra' palermitana". Además, "es cierto que la familia de Mangano [compuesta por su mujer y sus hijas] permaneció en Arcore durante todo el año 1975, y que mantuvo allí su residencia registrada hasta octubre de 1976. También se desprende que, el 1 de diciembre de 1975, Mangano, detenido de nuevo porque se le había encontrado en posesión de una navaja prohibida, declaró que residía en Arcore y el 6 de diciembre de 1975, al salir de la cárcel, eligió domicilio en Via San Martino nº 42, donde se encuentra la villa de Arcore". A este respecto, el Tribunal también hace referencia a una entrevista con Dell'Utri publicada en *el Corriere della Sera* el 21 de marzo de 1994.

Del proceso contra Dell'Utri no surgieron elementos que "permitan datar con certeza" el alejamiento de Mangano de Arcore, y sin embargo "es seguro que el alejamiento se produjo sin dolor por decisión (autónoma o sugerida por Marcello Dell'Utri) tomada por Silvio Berlusconi, que siguió acogiendo a la familia de Mangano en su villa y no parece haber dirigido en modo alguno las sospechas de los investigadores sobre su "factor", conservando aún después de muchos años las palabras agradecidas de Mangano"; en contraste con Dell'Utri, que "nunca ha roto sus relaciones con Mangano, aunque es muy consciente, a la luz de sus propias admisiones, de la naturaleza criminal del personaje". El 26 de mayo de 1975, una bomba explotó en la villa de Berlusconi en Via Rovani, en Milán, que en ese momento estaba en restauración, "causando grandes daños con la rotura de los muros perimetrales y el derrumbe del rellano del primer piso". Según el testimonio de Fedele Confalonieri, inmediatamente después de la salida de Mangano de

Arcore, Berlusconi había recibido cartas con amenazas: "Precisamente a causa de esas amenazas -dijo Confalonieri-, Berlusconi cogió a su familia y se la llevó primero a Suiza; recuerdo que también fuimos con Marcello Dell'Utri a Nyon, que está cerca de Ginebra. Creo que se quedaron allí un par de semanas o tres y luego se fueron al sur de España, a Marbella, y se quedaron allí unos meses".

En las investigaciones de la época, los autores del atentado seguían siendo desconocidos; "resultó, sin embargo, a partir del contenido de conversaciones telefónicas interceptadas unos 11 años más tarde, con ocasión de un segundo atentado cometido el 28 de noviembre de 1986, de nuevo contra la misma villa de Via Rovani, que Silvio Berlusconi y Marcello Dell'Utri no tenían ninguna duda en cuanto a la rastreabilidad del atentado de 1975 hasta el propio Mangano". El segundo ataque sólo causó daños en la puerta exterior. Berlusconi, interceptado, comentó la explosión por teléfono con Dell'Utri, definiéndola jocosamente como algo "hecho con mucho respeto, casi con cariño [...] porque sólo ha agrietado la parte inferior de la verja", añadiendo que "en mi opinión, es como un rico [...] otra persona enviaría una carta o haría una llamada telefónica: ¡él puso la bomba! ".

La conversación continúa, también con Confalonieri, con referencias al atentado de 1975 y a la persona de Mangano, que se consideraba acababa de salir de la cárcel. La interceptación de 1986, según la judicatura, "demuestra adecuadamente cómo ninguno de los tres interlocutores tuvo dudas en atribuir la autoría del atentado cometido en la villa de Via Rovani once años antes a la persona de Vittorio Mangano [...] . A pesar de que no existían dudas sobre la autoría de los hechos, no se ofreció ninguna información útil a los investigadores en el momento de los hechos, sino que, por el contrario, incluso se decidió "no denunciar directamente el atentado". Sin embargo, el intento de asesinato no es atribuible a Mangano, que estaba en prisión en el momento del suceso. También puede atribuirse (como demuestran las declaraciones de Antonino Galliano) a la mafia de Catania, "un hecho que Totò Riina había explotado astutamente para nuevas intimidaciones telefónicas al empresario encargadas a Mimmo Ganci y realizadas por éste poco tiempo después desde Catania". Una vez que se puso en contacto con su socio Santapaola de Catania, el jefe de "cosa nostra" se habría, según dicen, "hecho cargo de la situación" relativa a Berlusconi y Dell'Utri, que, como hemos visto (de acuerdo con las declaraciones de Ganci, Anzelmo y Galliano), habría sido explotada no sólo con fines puramente extorsivos, sino también para poder "enganchar" políticamente al honorable Bettino Craxi". En un informe de la Criminalpol de Milán (informe número 0500/CAS/Criminalpol de 13 de abril de 1981) se señalaba que "habiéndose comprobado mediante la interceptación telefónica mencionada (de 14 de febrero de 1980 en el número de teléfono del Hotel *Duca di York* de Milán utilizado por Mangano, ed, cuya especial peligrosidad criminal hay que recordar siempre, y Dell'Utri Marcello, se deduce necesariamente que también Inim spa y Raca spa (empresas para las que Dell'Utri desarrolla sus actividades), que operan en Milán, son sociedades mercantiles también gestionadas por la Mafia y utilizadas por ésta para blanquear dinero negro, producto de actividades ilegales". Según el Tribunal, Dell'Utri "representaba" los intereses del grupo [Fininvest, ed.] ante la mafia, en nombre de Silvio Berlusconi. "Era un directivo dotado de un altísimo grado de autonomía y capacidad de decisión, no un subordinado cualquiera al que no le quedaba más que ejecutar las decisiones del dueño de la empresa, hipotéticamente impuestas.

Es significativo que en lugar de abstenerse de tratar con la Mafia (como su autonomía decisoria respecto al propietario y su nivel cultural podrían haberle permitido hacer, siempre en la hipótesis no probada de que fuera el propio Berlusconi quien se lo hubiera pedido), optara, con plena conciencia de todas las posibles consecuencias, por mediar entre los intereses de la "cosa nostra" y los intereses empresariales de Berlusconi (un industrial, como hemos visto, dispuesto a pagar con tal de permanecer callado). Por lo tanto, Marcello Dell'Utri no sólo permitió objetivamente que "cosa nostra" obtuviera ventaja, sino que este resultado se consiguió gracias y sólo gracias a él". El jefe mafioso Mangano, de nuevo en prisión desde 1995 en régimen de 41 bis, murió en julio de 2000, pocos días después de ser condenado a cadena perpetua por doble asesinato. Dell'Utri comentó en abril de 2008 que Mangano era "un héroe, a su manera" porque "habría salido de la cárcel con ricas recompensas si me hubiera acusado a mí y al Presidente Berlusconi", y Berlusconi opinó lo mismo al día siguiente.

La Fiscalía de Palermo investiga desde el 2 de enero de 1996 a Silvio Berlusconi y Marcello Dell'Utri por conspiración para cometer delitos relacionados con la mafia y blanqueo de dinero. En 1997, el cargo de Berlusconi fue archivado al término de la investigación preliminar, que se había prorrogado por la duración máxima prevista por la ley, mientras que Dell'Utri quedó en prisión preventiva para ser juzgado. En 2004, Marcello Dell'Utri fue condenado en primera instancia en Palermo a 9 años por conspiración para cometer delitos relacionados con la mafia, condena que se redujo en apelación a 7 años, al considerar el Tribunal que el hecho no se limitaba al periodo posterior a 1992. El 9 de marzo de 2012, la Sección Quinta de lo Penal del Tribunal de Casación anuló la sentencia de apelación con reenvío, estimando así el recurso de la defensa contra la condena a siete años.

En el juicio contra Marcello Dell'Utri por conspiración para cometer delitos relacionados con la mafia, el Tribunal de

Casación ha confirmado plenamente la reunión entre Berlusconi, Dell'Utri y los jefes mafiosos Francesco Di Carlo, Stefano Bontate y Mimmo Teresi, presenciada por el propio Di Carlo, actualmente colaborador de la justicia, y mencionada también por Galliano, otro colaborador. Se dice que la reunión tuvo lugar en 1974 en el foro Bonaparte de Milán, donde se tomó la "decisión contextual de que la llegada de Vittorio Mangano al domicilio de Berlusconi fuera seguida de la ejecución del acuerdo" de protección en Arcore. El Tribunal habla "sin posibilidad de alternativas válidas de un acuerdo de naturaleza protectora y de colaboración alcanzado por Berlusconi con la Mafia a través de Dell'Utri que, de ese supuesto, fue el artífice gracias también a los esfuerzos específicos realizados por Cinà".

El 22 de agosto de 2013, el ex jefe de Cosa Nostra Totò Riina, en un diálogo en tiempo de antena con el coacusado Alberto Lorusso filmado por las cámaras de la cárcel de Opera, hizo varias declaraciones sobre Dell'Utri y Berlusconi, revelando que este último pagaba dinero de protección a Cosa Nostra desde los años 80 para obtener 250 millones de liras cada seis meses a cambio de favores recíprocos y futuros.En 2014 se publicaron unas conversaciones entre Emilio Fede y su entrenador personal, Gaetano Ferri, grabadas en secreto por este último, en las que el exdirector de TG4 revela importantes detalles sobre las relaciones ilícitas entre Berlusconi y la mafia siciliana, canalizadas a través de Marcello Dell'Utri, que actuaba como intermediario de Silvio. En estos diálogos grabados, Fede también habla de Flavio Briatore, quien, según las grabaciones de Ferri, también estuvo implicado en un asunto de la mafia, al ordenar el asesinato de un industrial de Cuneo.

Relaciones con el mundo de la información

Declaración contra Biagi, Santoro y Luttazzi

El 18 de abril de 2002, durante una visita de Estado a Sofía (Bulgaria), Berlusconi, que llevaba cerca de un año como Primer Ministro, hizo una declaración muy discutida (apodada por sus oponentes el "diktat búlgaro" o el "edicto de Sofía"):

Los tres dejaron de ser llamados para presentar programas en la RAI: de hecho, la nueva dirección de la RAI, que tomó posesión en la época del gobierno Berlusconi y fue instada por éste a tomar medidas, expulsó a Biagi, Santoro y Luttazzi de todos los programas de televisión. La situación persistió hasta 2006, cuando, tras una acción judicial que les hizo ganar la partida a la dirección de la RAI, Biagi y Santoro reanudaron sus programas periodísticos.

Desacuerdos con la televisión pública

Berlusconi siempre ha tenido una relación desigual con la televisión pública, a la que a menudo ha acusado de estar, si no totalmente escorada a la izquierda, controlada en gran medida por los partidos de la oposición (especialmente Rai 3, que Berlusconi calificó de "máquina de guerra contra el Primer Ministro"). Evidentemente, esta opinión se invierte según el punto de vista de sus oponentes, que le acusan de estar muy ocupado durante su mandato como jefe de gobierno.

Fue el 12 de marzo de 2006 (durante la campaña electoral para las elecciones políticas) cuando surgió una polémica en el programa de la Rai 3, *In mezz'ora*, entre Berlusconi, que acusó a la presentadora Lucia Annunziata de parcialidad contra él y de abierto partidismo en apoyo de la izquierda, y la propia periodista, que le reprochó su incapacidad para tratar con los periodistas. Silvio Berlusconi abandonó el estudio a los 17 minutos.

El caso Saccà

En 2007, la Fiscalía de Nápoles abrió una investigación sobre Berlusconi (entonces *líder de la* oposición), sospechoso de haber sobornado a Agostino Saccà, director de Rai Fiction. Entre los hechos de la investigación figura una interceptación telefónica entre los dos acusados que se publicó en todos los medios de comunicación cuando la investigación aún estaba en curso.

En la llamada telefónica, se oye a Saccà expresar una posición de apasionado apoyo político a Berlusconi y de crítica al comportamiento de los aliados. Berlusconi insta a Saccà a emitir un programa deseado por Umberto Bossi y Saccà se queja de que hay gente que ha difundido rumores sobre este acuerdo causándole problemas. Berlusconi le pide entonces a Saccà que le dé una plaza en una *obra de teatro a* una chica, explicándole muy explícitamente que sería a cambio de un intercambio de favores con un senador de la mayoría que le ayudaría a derribar el Gobierno. Saccà se despide instando a Berlusconi a hacerse con la mayoría lo antes posible.

Berlusconi argumentó en su defensa: "Todo el mundo en el mundo del espectáculo sabe que, en determinadas situaciones, en la Rai sólo trabajas si eres prostituta o si eres de izquierdas. [...] No hay nadie en la RAI que no haya sido recomendado".

La investigación napolitana llegó a la solicitud de apertura de juicio oral en enero pero, antes de que se iniciara el proceso, en julio de 2008 los abogados de Berlusconi solicitaron y obtuvieron de la GIP el traslado de la investigación a Roma por falta de competencia territorial. En 2008, los nuevos fiscales romanos encargados de la investigación pidieron el archivo de la misma y la destrucción de las escuchas, argumentando que "no hay certeza de quid pro quo". El estrecho vínculo entre el Sr. Berlusconi y Saccà, que se desprende claramente de la investigación, era tal que permitía al primero hacer informes al segundo sin tener que prometer u obtener nada a cambio".

Escándalos sexuales

El caso Noemi

El 28 de abril de 2009, la esposa de Berlusconi, Veronica Lario, expresó en un correo electrónico a ANSA su indignación por la posible elección de su marido de nominar a chicas jóvenes y guapas, algunas de ellas sin experiencia política, para las próximas elecciones europeas.

El 2 de mayo siguiente, tras enterarse de que Berlusconi había ido a la fiesta del 18 cumpleaños de Noemi Letizia (una chica de Portici), encargó a un abogado que solicitara la separación de su marido. Lario, en este punto, mencionó el supuesto hábito de su marido de salir con chicas menores de edad: "No puedo quedarme con un hombre que sale con chicas menores de edad", "[...] figuras de vírgenes que se ofrecen al dragón para perseguir el éxito, la notoriedad y el crecimiento económico", "Intenté ayudar a mi marido, rogué a los que le rodeaban que hicieran lo mismo, como se haría con una persona que no está bien. Todo fue en vano".

El 14 de mayo, el diario *La Repubblica* publicó un artículo en el que mostraba las numerosas contradicciones y discrepancias entre la versión de Berlusconi sobre su affaire con Noemi Letizia y las declaraciones de los demás protagonistas del asunto, pidiendo al Primer Ministro que respondiera a diez preguntas, que luego fueron reformuladas. Berlusconi no consideró oportuno responder a estas preguntas, y el 28 de agosto dio instrucciones a su abogado, Niccolò Ghedini, para que interpusiera una demanda civil de indemnización contra el diario por el daño a su imagen que le había causado (lo mismo ocurrió al mismo tiempo contra *L'Unità*). Posteriormente, Berlusconi respondió parcialmente a las 10 preguntas de Repubblica sobre el libro de Bruno Vespa *Donne di Cuori.*

El 28 de mayo, Berlusconi juró sobre la cabeza de sus hijos que nunca había tenido relaciones "picantes" con menores, y que si mentía dimitiría inmediatamente.El asunto tuvo amplia repercusión en la prensa extranjera (por ejemplo, en los diarios británicos *The Times*, *Financial Times* y la BBC).

Fotos de Porto Rotondo

La atención de los periódicos se vio atraída posteriormente por numerosas fotos que el fotógrafo Antonello Zappadu había tomado en varias ocasiones: algunas de ellas documentan unas vacaciones en mayo de 2008 en la residencia de verano de Berlusconi en Porto Rotondo y muestran al entonces Primer Ministro de la República Checa Mirek Topolánek en atuendo adamítico: en la fiesta se ven chicas jóvenes en bikini o en topless. El 5 de junio de 2009, el diario español *El País* publicó 5 de las 700 fotos de la fiesta. La Fiscalía de Roma, a petición de Berlusconi, incautó el material fotográfico por violación de la intimidad.

El estuche D'Addario

En julio de 2009, el diario *L'Espresso* publicó en su página web las grabaciones de audio ambientales de las reuniones entre Silvio Berlusconi y la escolta Patrizia D'Addario, realizadas por esta última en octubre de 2008 en el Palazzo Grazioli, residencia privada del jefe del Gobierno en aquel momento, y depositadas todavía por la misma persona en la Fiscalía de Bari, que las ha mantenido en secreto en paquetes sellados colocados en una caja fuerte blindada; Por otra parte, se han hecho públicas otras escuchas telefónicas adquiridas por la fiscalía en el marco del procedimiento judicial destinado a arrojar luz sobre el presunto favoritismo de Berlusconi hacia el empresario de Bari Gianpaolo Tarantini, que se concretaba en nombramientos, asuntos públicos y contratos a cambio de servicios sexuales prestados por chicas específicamente reclutadas e inducidas a la prostitución.

Poco después, el Primer Ministro declaró: "No soy un santo, espero que la gente de Repubblica también lo entienda".

Más allá del interés de carácter escandaloso, los acontecimientos en torno a las supuestas relaciones extramatrimoniales de Berlusconi con acompañantes y jóvenes del mundo del espectáculo han atraído la atención de la opinión pública y de parte del mundo político, ya que parecen entrelazarse en varios puntos con la promesa de candidaturas políticas en las listas del PdL y afiliados (La Puglia prima di tutto) para las elecciones europeas y locales de junio de 2009.

El caso Ruby

En noviembre de 2010 estalló el llamado "caso Ruby". El asunto gira en torno a la entonces menor marroquí Karima El Mahroug, conocida como Ruby Rubacuori, que fue detenida por robo en mayo de 2010 en Milán. Una vez comprobada la minoría de edad de la niña, el magistrado dispuso su detención conforme a los procedimientos habituales. Sin embargo, después de que Berlusconi llamara por teléfono a la comisaría afirmando que la niña era sobrina del entonces presidente egipcio Hosni Mubarak (hecho que más tarde se demostró falso), la niña fue confiada a la entonces consejera regional del PdL Nicole Minetti. Ruby afirmó haber sido invitada de Berlusconi varias veces en su residencia de Arcore y haber recibido dinero en esas ocasiones. Creyendo que el dinero había sido el pago por servicios sexuales, en enero de 2011 la Fiscalía de Milán acusó a Berlusconi de los delitos de extorsión y prostitución infantil. El asunto también causó un gran revuelo en los medios de comunicación internacionales y encendió el debate en la opinión pública italiana.

El 24 de junio de 2013, Berlusconi fue condenado en primera instancia a siete años de prisión por los delitos de extorsión mediante coacciones y complicidad en la prostitución infantil, así como a la inhabilitación perpetua para ejercer cargos públicos; sin embargo, al final del juicio en apelación, con sentencia de 18 de julio de 2014, fue absuelto de extorsión *porque el hecho no existe* y de prostitución infantil *porque el hecho no es constitutivo de delito. De* hecho, en los fundamentos de la sentencia se hacía oficial que no se habían encontrado pruebas de que Berlusconi hubiera ejercido intimidación o, al menos, inducción indebida hacia el jefe de la jefatura de policía de Milán para que liberara a la menor marroquí, ni de que conociera la edad de la chica en el momento de las relaciones sexuales. La absolución se hizo firme el 10 de marzo de 2015 con la sentencia favorable del Tribunal de Casación.

Declaraciones y comportamientos polémicos

Tanto en Italia como en el extranjero, los medios de comunicación han prestado gran atención a algunas de sus declaraciones, ocurrencias y comportamientos irritables que le han dado fama de *metedura de pata*, al tiempo que han contribuido a caracterizar su imagen pública. Según Peter Weber, estos episodios contribuyeron al resurgimiento de viejos prejuicios contra la política exterior italiana llevada a cabo con "ambición y ligereza".

En septiembre de 2001, tras los atentados terroristas de Al Qaeda contra Estados Unidos, declaró: "Nosotros [los occidentales] debemos ser conscientes de la superioridad de nuestra civilización, el nuestro es un sistema que ha garantizado la prosperidad, el respeto de los derechos humanos y, a diferencia de los países islámicos, el respeto de los derechos religiosos y políticos. Un sistema que valore la comprensión de la diversidad y la tolerancia". La declaración provocó las protestas de varias naciones islámicas y de la Liga Árabe.

En 2003, fue especialmente controvertida la polémica que en el Parlamento Europeo -con motivo de su debut como Presidente del Consejo de la UE- le enfrentó al eurodiputado socialista alemán Martin Schulz, quien le criticó por sus problemas judiciales, por su relación con los medios de comunicación y le acusó de tener un conflicto de intereses. Berlusconi respondió a la intervención del eurodiputado diciendo: "Señor Schulz, sé que en Italia hay un productor que está haciendo una película sobre los campos de concentración nazis. Te propondré para el papel de kapo, serías perfecta'. A las críticas de algunos eurodiputados, Berlusconi respondió dirigiendo un "turista de la democracia" al ala izquierda del Parlamento que le impugnaba. El Presidente Pat Cox le invitó a disculparse, pero Berlusconi respondió: "El Sr. Schulz me ha ofendido grave y personalmente, sólo era una broma irónica y no la retiro". Entonces aceptó disculparse ante el pueblo alemán, pero no ante Schulz y el Europarlamento. La polémica también implicó al Canciller Schröder, que convocó al embajador italiano en Berlín e instó al gobierno italiano a hacer lo mismo con el gobierno alemán en Roma.

Berlusconi declaró más tarde que en Italia "las historias sobre el Holocausto circulan desde hace años" porque "los italianos saben bromear sobre tragedias como ésa en un intento de superarlas", lo que provocó las protestas de la comunidad judía de Roma y de la ANED. Unos meses más tarde, recibió nuevas críticas de la comunidad israelí, junto con la de algunos familiares de las víctimas del escuadrismo fascista, por la entrevista que concedió a la publicación británica *The Spectator,* en la que afirmaba que Mussolini, a diferencia de Sadam Husein, "nunca mataría a nadie" y se limitaría a enviar "a la gente de vacaciones al campo de confinamiento". También se cuestionó en la misma entrevista el juicio expresado sobre los jueces, calificados de "perturbados mentales", lo que llevó al Presidente de la República Ciampi a intervenir en defensa del poder judicial.

También hubo repercusiones diplomáticas en otras ocasiones. En 2005, cuando molestó al Gobierno finlandés diciendo que había "repasado todas sus artes de playboy" con Tarja Halonen, Jefa de Estado de la nación finlandesa, para conseguir que retiraran la candidatura de Helsinki como sede de la Autoridad Europea de Seguridad Alimentaria en favor de Parma, ya que para él no había "forma de comparar el Culatello di Parma y el reno ahumado". A raíz de ese episodio, la cadena de pizzerías Kotipizza bautizó su pizza de reno ahumado como "Pizza Berlusconi". La pizza ganó el primer premio de *America's Plate International* en marzo de 2008.

En 2006, contradijo al gobierno chino al declarar durante un mitin electoral: "Lean el libro negro del comunismo y descubrirán que en la China de Mao los comunistas no se comían a los niños, sino que los hervían para fertilizar los campos".En febrero de 2009, Berlusconi dijo en un mitin: "Los señores de la izquierda han dicho de mí de todo, [...] que soy como aquel dictador argentino que mataba a sus opositores subiéndolos a un avión con un globo, luego abría la puerta y decía: 'Hace un buen día, salid a jugar un poco'. Es divertido pero dramático". El Ministerio de Asuntos Exteriores argentino convocó al embajador italiano Stefano Ronca para expresarle su "profunda preocupación" por las frases dichas sobre *los* llamados *vuelos de la muerte*, para el Gobierno italiano se trata de una tergiversación de las palabras pronunciadas por el Primer Ministro, un "caso falso".

Algunos comportamientos jocosos en presencia de ministros de Asuntos Exteriores y gobernantes también han causado revuelo. En 2002, causó revuelo la foto de grupo de los ministros de Asuntos Exteriores reunidos en Cáceres, en la que Berlusconi, titular en funciones de la Farnesina, aparecía inmortalizado haciendo el gesto de los cuernos detrás de su homólogo español para divertir a un grupo de boy-scouts. En 2008, durante una rueda de prensa con el Presidente ruso saliente, Vladimir Putin, después de que una periodista le hiciera una pregunta inoportuna sobre su supuesta relación extramatrimonial, Berlusconi imitó el disparo de una ametralladora. El gesto fue criticado por la Federación Nacional de Prensa italiana, debido a los numerosos casos de periodistas asesinados en Rusia. El reportero implicado señaló después: "He visto el gesto de su presidente y sé que siempre bromea. Sé que el gesto no tendrá consecuencias".

Ese mismo año, tras la elección del afroamericano Barack Obama a la presidencia de Estados Unidos, Berlusconi, durante una rueda de prensa conjunta con el nuevo presidente ruso, Dmitri Medvédev, en el Kremlin, declaró: "Le dije a Medvédev que Obama lo tiene todo para llevarse bien con él: es joven, guapo y además está bronceado". La declaración causó polémica, ya que el término "bronceado" (en inglés *tanned* o *suntanned*) se ha utilizado a veces de forma despectiva contra las personas de raza negra. Berlusconi afirmó posteriormente que su intención era hacer a Obama "una absoluta monada, un gran cumplido", y calificó de "imbéciles" a quienes habían criticado la declaración. Los medios de comunicación internacionales dieron amplia cobertura al asunto. El 27 de septiembre de 2009, volvió sobre el tema, diciendo: "Os traigo saludos de alguien llamado [...] un bronceado.... Ah, Barack Obama. No te lo vas a creer, pero dos de ellos se fueron a tomar el sol a la playa, porque su mujer también está bronceada".

Al año siguiente, durante la reunión del G20 en Londres, tras la foto ritual Berlusconi llamó al presidente estadounidense en voz alta, atrayendo la atención de la Reina Isabel II que, girándose para ver de dónde y de quién procedía la llamada, aparentemente irritada exclamó: "¿Qué pasa? *¿Qué pasa? ¿Por qué tiene* que *gritar?*". El episodio recibió una amplia cobertura mediática en la prensa internacional. Al día siguiente intervino el palacio de Buckingham, señalando que a la soberana no le molestaba en absoluto la irritabilidad del jefe de gobierno italiano.

En Italia, algunos de sus comentarios dirigidos a los adversarios políticos y al poder judicial han suscitado polémica. En 2006, en vísperas de las elecciones parlamentarias que le enfrentarían al candidato de centro-izquierda Romano Prodi, dijo durante un discurso en Confcommercio: "Tengo demasiado respeto por la inteligencia de los italianos como para pensar que hay tantos gilipollas por ahí que pueden votar en contra de sus propios intereses". También calificó al poder judicial de "cáncer del país". Dos años más tarde, en la Confesercenti, repitió el mismo concepto, calificando a los "jueces y fiscales ideologizados" de "metástasis de nuestra democracia". La ANM protestó por la declaración temiendo una deslegitimación de toda la categoría.

En 2009 protagonizó un enfrentamiento institucional con el Presidente de la República Napolitano, que se negó a firmar el decreto-ley aprobado por el Consejo de Ministros que habría prohibido la interrupción de la nutrición e hidratación artificiales de Eluana Englaro. Berlusconi, molesto por la negativa a firmar el decreto, declaró: "Quieren atribuir poderes que, según mi interpretación y la del Gobierno, no pertenecen al Jefe del Estado, sino al Gobierno", y a continuación pidió una reforma de la Constitución, que consideró necesaria "porque la Carta es una ley hecha hace muchos años bajo la influencia del final de una dictadura y con la presencia en la mesa de fuerzas ideologizadas que miraban a la Constitución rusa como modelo del que tomar muchas indicaciones". La declaración fue recibida con polémica, a lo que Berlusconi respondió: "Juré por la Constitución. Lo respeto. Es la primera ley en la base del Estado. Nunca he pensado en atacarla", y luego añadió: "La Constitución, sin embargo, no es un Moloch: puede evolucionar con los tiempos", pero reiteró: "Que los valores constitucionales han mirado a la Carta de la Unión Soviética es una realidad histórica.

Las declaraciones de Berlusconi en una conversación el 13 de julio de 2011, en las que calificó a Italia de "país de mierda", causaron sorpresa general tanto en Italia como en el extranjero.

Según un artículo de *Il Fatto Quotidiano* del 10 de septiembre de 2011, en el Parlamento italiano circulaba el rumor de una interceptación en la que Berlusconi supuestamente tildaba a Angela Merkel con el epíteto de "asno incapaz". Las escuchas telefónicas en cuestión nunca se publicaron, pero parte de la prensa alemana, incluidos el *Financial Times Deutschland* y *Der Spiegel*, dieron amplia cobertura a la noticia y, al parecer, el embajador en Roma corría el riesgo de ser destituido.

Con motivo del Día de la Memoria, Berlusconi declaró el 27 de enero de 2013 que "el hecho de las leyes raciales es la peor falta de un *líder*, Mussolini, que, en tantos otros aspectos, lo había hecho bien", suscitando críticas generalizadas de las comunidades judías, la ANPI y muchos políticos.

Procedimientos judiciales contra Berlusconi

Silvio Berlusconi ha sido objeto de numerosos procesos penales, uno de los cuales terminó con una condena firme el 1 de agosto de 2013 en el juicio Mediaset; hasta entonces, ninguno de los procesos penales contra él había terminado con una condena firme, debido a absoluciones, declaraciones de prescripción y despenalización de los delitos imputados.

Algunos de estos procedimientos fueron desestimados en la fase de instrucción; otros desembocaron en un juicio en el que Berlusconi fue absuelto. Por último, en otros juicios se dictaron condenas, en primera instancia o en apelación, por delitos como corrupción judicial, financiación ilegal de partidos y falsedad contable.En algunos casos, tras una sentencia desfavorable en primera o segunda instancia contra Berlusconi, el proceso no concluyó con una condena: ello se debió a una amnistía posterior, al reconocimiento de circunstancias atenuantes que, afectando a la determinación de la pena, hicieron que ésta prescribiera, o a una nueva legislación que modificó las penas y la estructura de determinados delitos contra él, como en el caso del delito de falsedad contable. Estas normas, aprobadas en el Parlamento por la mayoría de centro-derecha mientras Silvio Berlusconi ocupaba el cargo de Primer Ministro, imponían en algunos casos la apreciación de la no relevancia penal de algunos de los presuntos delitos, al no estar ya el hecho previsto por la ley como delito; en otros casos, la reducción de la pena de los presuntos delitos hacía que prescribieran antes de dictarse sentencia firme.

A continuación se ofrece un resumen de las sentencias:

En muchos de los procedimientos judiciales contra Berlusconi, algunos de los cuales siguen en curso, existe un acalorado debate entre sus partidarios y sus detractores.

- Berlusconi y sus partidarios afirman que los juicios relacionados con sus actividades empresariales comenzaron después de su "descenso al campo", y exclusivamente con el fin de perseguirle. Afirman que estos juicios, que consideran basados en meras inferencias (a menudo denominadas "teoremas") carentes de pruebas probatorias, se han montado en el marco de una persecución judicial orquestada por los "toghe rosse", es decir, por magistrados próximos a partidos e ideologías de izquierda (miembros de la Magistratura democrática), que utilizarían ilegítimamente la justicia con fines de lucha política.

- Los críticos de Berlusconi, por su parte, afirman que los juicios comenzaron antes de que él "saliera al campo" (en 1993 para ser exactos), afirmando que si no hubiera entrado en política habría acabado en la bancarrota y probablemente en la cárcel, y que gracias a las llamadas leyes *ad personam* aprobadas por su Gobierno, habría evitado ser condenado. A este respecto, Fedele Confalonieri declaró que si Berlusconi no hubiera entrado en política habría sido condenado o forzado a la quiebra. Los críticos también señalan que varias sentencias absolutorias no declaran su absolución, sino la prescripción del proceso: por tanto, afirman que si hubiera querido que se reconociera su inocencia incluso en esos juicios, podría haber renunciado expresamente a la prescripción. Por último, en cuanto a las acusaciones de parcialidad de los jueces, observan que Berlusconi, en comparación con otros acusados, se benefició del hecho de que los jueces le concedieron circunstancias atenuantes generales, a pesar de que las circunstancias atenuantes generales, aunque se dejan totalmente a la discreción del juez, normalmente siempre se conceden a quienes no tienen condenas anteriores, ya que Berlusconi no había tenido condenas anteriores hasta el 1 de agosto de 2013.

Silvio Berlusconi ha reiterado en varias ocasiones que las investigaciones siguieron su "descenso al campo", y denunció a los magistrados milaneses, en la fiscalía de Brescia, por el delito de "atentado contra un órgano constitucional"; la denuncia fue archivada, y en los fundamentos se indica:

Agresiones

- El 31 de diciembre de 2004, en la Piazza Navona de Roma, Silvio Berlusconi fue golpeado con el trípode de una cámara fotográfica por Roberto Dal Bosco, un joven albañil de Marmirolo. Tras permanecer detenido diecinueve horas, Dal Bosco fue puesto en libertad y envió una disculpa al Primer Ministro italiano, que decidió no presentar cargos. El comité de *"L'altrainformazione"* y el senador Mario Luzi especularon posteriormente con una posible instrumentalización del atentado por parte de Silvio Berlusconi.

- El 13 de diciembre de 2009, tras un mitin en la Piazza del Duomo de Milán, Silvio Berlusconi fue golpeado en la cara con una reproducción de la catedral, lanzada contra él a corta distancia, sufriendo varias heridas en la cara, así como fractura del tabique nasal y de dos dientes de la arcada superior. El agresor, que no tenía antecedentes penales y había estado en tratamiento por problemas mentales, fue detenido inmediatamente y posteriormente puesto bajo arresto domiciliario en una comunidad terapéutica; el 29 de junio de 2010 fue absuelto por estar incapacitado.

Agradecimientos

- El 23 de septiembre de 2003 recibió en Nueva York el premio "Estadista del Año", concedido por la *Liga Antidifamación*, organización judía que lucha contra el antisemitismo en todo el mundo.

- El 2 de marzo de 2006, en Estados Unidos, durante la celebración anual del "Saludo a la Libertad", la Fundación Intrepid, organización privada estadounidense, le entregó el Premio Intrepid a la Libertad 2006 por su "valiente liderazgo contra el terrorismo".

- El 27 de septiembre de 2006 recibió el premio "Madonnina d'oro", ofrecido por la Comunità Incontro de Don Gelmini, por su contribución personal a la reconstrucción de una escuela en Tailandia tras el tsunami, y a la ampliación de un hospital en Bolivia.

- En 2016, fue incluido en el Salón de la Fama del Fútbol Italiano en la categoría de *Manager Italiano*.

Otros libros de United Library

https://campsite.bio/unitedlibrary

CPSIA information can be obtained
at www.ICGtesting.com
Printed in the USA
BVHW071913130223
658422BV00012B/180